Pouja

Rituel d' Adoration

de Swami Paramatmananda

Mata Amritanandamayi Center, San Ramon
Californie, États-Unis

Pouja — Rituel d'adoration

Publié par :

Mata Amritanandamayi Center
P.O. Box 613
San Ramon, CA 94583
États-Unis

——— *Puja, The Process of Ritualistic Worship (French)* ———

Première édition par le Centre MA : septembre 2016

En France :

Ferme du Plessis
28190 Pontgouin
www.ammafrance.org

En Inde :

www.amritapuri.org
inform@amritapuri.org

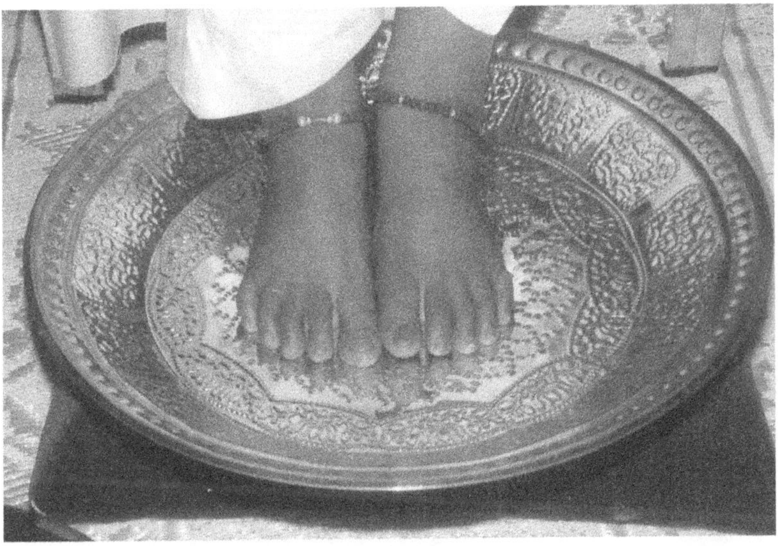

O Kamalâmbike (Mère divine)
Toi qui exauces tous les désirs
Et accordes la connaissance suprême,
Arbitre de ma destinée, viens,
Laisse-moi T'accueillir,
Toi qui demeures dans mon cœur.

Aussi loin que je me souvienne
J'ai eu le sentiment d'être une fleur
Offerte à Tes pieds en adoration.
Je T'ai cherchée dans les profondeurs de mon âme
En chantant mille hymnes de dévotion
Et mon mental s'est totalement plongé en Toi.

Voyageur solitaire sur le chemin de la bhakti,
Mon cœur s'est épanoui, et j'ai vu Ton visage
En chaque fleur, en chaque feuille
qu'effleurait mon regard.
Je restai émerveillé,
Ne percevant plus rien d'autre dans l'univers.

Sommaire

Introduction 6

Objets nécessaires pour l'autel 7

Les 108 Noms de Mâtâ Amritânandamayi 36

Les 108 Noms de Dévi (la Mère Divine) 49

Les 108 Noms de Srî Krishna 59

Les 108 Noms de Srî Shiva 67

Les 108 Noms de Srî Râma 74

Guide de la prononciation 81

Introduction

La pouja — rituel de vénération des images de Dieu ou de dieux — occupe une place particulière dans la sâdhana (discipline spirituelle). Elle est une façon simple d'exprimer notre amour et notre dévotion et nous aide à nous rapprocher du Divin. Le but de la pouja est de détourner le mental du chercheur de ce qu'il connaît et de l'orienter vers l'inconnu. Pour transmettre la connaissance spirituelle à leurs disciples, les Maîtres du temps des Oupanishads employaient une méthode qui consistait à purifier les instruments existants de contact avec le monde — corps, mental, intellect — en les engageant dans un processus d'échange avec la réalité transcendantale. Pour pouvoir comprendre cette réalité suprême, notre mental doit être pur et capable de refléter la conscience infinie car, si le miroir est couvert de poussière, il ne peut réfléchir clairement les objets qui l'entourent. La pouja est un procédé pour purifier l'instrument mental en le concentrant sur Dieu, que l'on place devant soi en le représentant sous une forme particulière.

Nous pouvons accomplir la pouja non seulement au temple, mais aussi chez nous. Et quand nous rendons un culte à Dieu lors de nos réunions (satsangs), avant de nous lancer dans une entreprise importante ou dans notre salle de méditation comme part de notre discipline spirituelle quotidienne, nous ne disposons pas généralement des services d'un prêtre pour nous guider dans l'exécution de la pouja. C'est pourquoi il est important de se familiariser avec cette pratique, qui favorise la concentration.

Homme ou femme peuvent chacun accomplir une pouja. Si vous pouvez faire la pouja chaque jour, son efficacité augmentera. Les jours où vous ne disposez pas d'assez de temps, offrez au moins quelques fleurs.

Les femmes doivent s'abstenir de cette pratique pendant leurs périodes menstruelles, au cours desquelles un réseau de nerfs subtils draine les impuretés du corps pour les évacuer. Seules les femmes disposent de ce processus naturel, qui les purifie régulièrement et peut leur permettre de maîtriser Mâyâ plus aisément, du moins sur le plan physique.

Le but des rituels est de créer en nous et autour de nous une atmosphère chargée de force spirituelle et le meilleur moyen d'y parvenir est de chanter ou de psalmodier des mantras, d'accomplir des actes de dévotion et de faire des offrandes. Les versets sanskrits, ou shlôkas, possèdent une très grande puissance spirituelle.

Objets nécessaires pour l'autel

Le plateau à pouja est en général un très bel objet, accompagné de plats et de petits pots choisis avec soin pour les différentes phases du rituel. Il ne faut jamais les utiliser à d'autres fins. Pour accomplir la pouja, les objets suivants doivent se trouver sur l'autel :

1. Deux gobelets (un pour soi, l'autre pour la Divinité) ;
2. une petite cuillère pour offrir l'eau et pour un usage personnel ;
3. un plat pour donner le bain ;
4. un gobelet pour recueillir l'eau sale ou impure ;
5. une assiette de riz cru, non concassé, légèrement mélangé à une ou deux gouttes d'eau ou d'huile et juste assez de turmeric (curcuma) pour lui donner une teinte jaune (akshatam) ;
6. des fleurs à volonté ;
7. une lampe à huile qui restera allumée pendant toute la durée de la pouja ;
8. une lampe en forme de cuillère (dîpa) avec de l'huile et une mèche de coton ;

9. une clochette, petite ou moyenne, de préférence en cuivre jaune ;
10. un porte-encens ;
11. un plat contenant la vibhouti (cendre sacrée) ;
12. un plat ou un petit pot de chandanam (pâte de santal) ;
13. un récipient contenant le koumkoum (poudre rouge) ;
14. un petit plat ou plateau, muni d'un couvercle, pour l'offrande de nourriture ;
15. une cuillère à camphre ;
16. un plateau ou une corbeille de fleurs ;
17. de petits récipients contenant les ingrédients nécessaires au bain de la Divinité ;
18. deux serviettes (l'une pour les mains, l'autre pour essuyer la Divinité) ;
19. de beaux vêtements pour la Divinité ;
20. une guirlande de fleurs (facultatif) ;
21. une deuxième petite lampe à huile pour allumer l'encens, etc.
22. une boîte d'allumettes.

Quelques conseils pour la préparation et l'exécution de la pouja

Dans le déroulement de la pouja, la préparation est d'une importance capitale. Rassembler les fleurs, nettoyer l'autel, le plateau à pouja et les lampes à huile, laver les fruits et disposer l'offrande de nourriture, voilà autant de moyens simples de se préparer pour la pouja. Il est alors courant de réciter les noms de Dieu ou de chanter doucement des bhajans (chants dévotionnels). Le poujari devient ainsi plus conscient du Divin. En vérité, se préparer et mettre l'oratoire en ordre font partie intégrante du rituel.

Prenez un bain avant de commencer la pouja ; soyez propre et vêtu de frais. Entrez dans l'oratoire et prosternez-vous — ce que vous ne ferez plus jusqu'à la fin de la pouja. Puis passez l'autel en revue et assurez-vous que rien ne manque, car une omission pourrait interrompre le flot du rituel. Les divers ustensiles sont disposés de façon identique pour chaque pouja, afin que vous puissiez les prendre d'un geste automatique au moment où vous en avez besoin. Disposez-les sur votre droite, de façon à ne pas les entrechoquer, gardant près de vous ceux que vous utilisez le plus souvent. Là où sera placée la Divinité, vous pouvez dessiner à la craie, si la surface le permet, un lotus à huit pétales avec un point au centre, représentant le lotus du cœur. La méthode la plus simple consiste à combiner deux carrés comme suit :

Voici une représentation graphique des ustensiles nécessaires. Souvenez-vous toutefois que les récipients et autres objets utilisés pour la pouja peuvent être d'apparence très différente selon les personnes.

1. Divinité ;
2. Pot à eau et cuillère pour la Divinité ;
3. Réserve d'huile ;
4. Pot à eau pour le poujari ;
5. Dîpam (lampe à huile en forme de cuillère) ;
6. Cuillère pour brûler le camphre ;
7. Fleurs ;
8. Nourriture ;
9. Serviette pour le poujari ;
10. Serviette pour le bain de la Divinité ;
11. Vêtements pour la Divinité ;
12. Gobelet pour l'eau usée ;
13. Assiette pour le koumkoum ;
    la pâte de santal, le riz, etc. ;
14. Clochette ;
15. Lampes principale et annexe ;
16. Récipients contenant les articles pour le bain ;
17. Plateau pour le bain ;
18. Encens ;
19. Poujari.

Lorsque tout est en place, asseyez-vous et restez un moment immobile : fermez les yeux, tournez vos pensées vers le Seigneur et concentrez-vous sur la pouja que vous êtes sur le point d'accomplir. Restez assis en tailleur, face au nord ou à la Divinité qui doit être tournée, elle, vers le nord ou vers l'est. Asseyez-vous de façon à ne jamais obstruer la vue de l'autel à ceux qui assistent au rituel.

Vous resterez assis pendant toute la durée du rite. Durant la pouja, faites les offrandes avec la main droite, jamais avec la main gauche. À certains moments vous aurez besoin des deux mains en même temps ; dans ce cas, faites les offrandes en gardant la main gauche en contact avec le coude droit, ce qui « boucle » le circuit du système nerveux ; l'offrande est alors « totale ».

L'offrande de nourriture fait partie intégrante du rituel. Elle est souvent composée de fruits fraîchement coupés, qu'il faut garder couverts jusqu'au moment de l'offrande. Là, vous la découvrirez et en offrirez l'essence à la Divinité. Les dieux peuvent alors la voir et utiliser cette essence. Garder ainsi la nourriture couverte jusqu'à l'offrande proprement dite permet de conserver les prânas ou énergies de vie et d'en maintenir la pureté. Après la pouja, vous pourrez distribuer cette nourriture à l'assistance comme prasâdam (nourriture consacrée, offerte à la Divinité qui l'a bénie).

Pour offrir une cuillerée d'eau à la Divinité, prenez la cuillère de la main gauche, versez-en le contenu dans la main droite qui tient en même temps une fleur et de cette main, offrez l'eau en la laissant s'écouler dans le plateau. N'orientez jamais la lampe allumée face au sud ou à l'ouest. Lavez-vous immédiatement les mains avec une cuillerée d'eau si vous touchez par mégarde la lampe, ou ce qui a déjà été offert à la Divinité, ou ce qui est considéré comme source d'impureté, à savoir le sol, vos pieds, jambes, tête, bouche, lèvres, nez ou cheveux. Le but de ces règles est de vous maintenir en éveil. Bailler, éternuer et tousser sont également facteurs d'impureté. Si vous ne pouvez vous en empêcher, mettez-vous la main ou un mouchoir devant la bouche puis touchez-vous trois fois l'oreille droite en répétant le nom de Dieu afin de vous purifier.

Il est absolument interdit de sentir, de goûter ou de manger ce qui est destinée à la Divinité. Une fois la pouja terminée, vous pourrez en jouir sous forme de prasâdam.

La Divinité, la clochette, la réserve d'eau, la lampe, les fleurs, les vêtements de la Divinité, l'eau sacrée, le prasâdam et le camphre ne doivent jamais être mis en contact avec le sol ni avec le tapis. Posez-les plutôt sur une feuille (de bananier, par exemple) ou dans une assiette. Si vous ne pouvez pas vous procurer de fleurs, remplacez-les par des feuilles de tulasi (basilic), des feuilles d'arbres à fleur, du riz ou du koumkoum. N'utilisez pas de récipients en plastique, en acier ou en fer.

Quand le rituel est terminé, vous pouvez vous défaire des fleurs qui ont été offertes, ainsi que de l'eau et des autres éléments de la pouja, en les mettant au pied d'un arbre, dans une rivière ou dans un endroit où ils ne risquent pas d'être piétinés.

La pouja commence avec le sankalpa, qui constitue la consécration du rituel. Une fois ces versets récités, vous ne devez plus l'interrompre ni la laisser inachevée pour vous occuper d'autre chose. Même si les circonstances vous contraignent à accélérer le rythme de la pouja, celle-ci n'est terminée que lorsque vous avez prononcé le mantra de clôture et le texte précise exactement le moment où la pouja prend fin (cf. p. 33). Après la pouja, vous pouvez vous asseoir et jouir de la paix qu'elle a engendrée.

Si vous n'avez pas le temps de faire une pouja complète, choisissez une forme réduite en n'offrant que le bain, la lumière, l'encens, la nourriture et les fleurs. Terminez en récitant l'ârati (voir Karpoura Nirânjanam, p. 30).

Shuddhi

Purification

La première étape consiste à se purifier en éloignant les « forces néfastes » ou mauvaises tendances et en invoquant les dévas ou bonnes tendances.

Ātma śuddhi (auto-purification)

Asseyez-vous sur un âsana, ou siège, puis prenez de votre gobelet une cuillerée d'eau et lavez-vous la main droite au-dessus du récipient destiné à recueillir l'eau usée, selon le rite. Versez ensuite une autre cuillerée d'eau dans le creux de la main droite, prononcez un verset, puis buvez cette eau par le talon de la main, et ceci pour chacun des trois versets suivants :

acyutāya namaḥ — salutations à l'immuable
anantāya namaḥ — salutations à l'infini
govindāya namaḥ — salutations au Seigneur des sens.

Enfin, lavez-vous de nouveau la main droite avec une cuillerée d'eau, comme précédemment. La phase où vous buvez l'eau s'appelle âchamana, ou « boire une gorgée purificatrice ».

Effectuez ensuite trois prânâyâmas, les doigts de la main droite tendus à l'exception de l'index et du majeur qui sont repliés. Bouchez la narine droite avec le pouce tout en inspirant de la narine gauche. Retenez le souffle environ deux secondes puis, en bouchant la narine gauche avec l'annulaire et l'auriculaire, expirez par la narine droite. Ensuite, inspirez de la narine droite tout en maintenant la gauche fermée. Retenez votre respiration deux secondes et expirez par la narine gauche tout en bouchant celle de droite. Ceci compte pour un prânâyâma. Imaginez qu'avec l'inspiration vous vous emplissez de prâna shakti, la force de vie divine purificatrice, et qu'en expirant vous expulsez toutes pensées, sauf celle de Dieu.

Āsana śuddhi (purification de l'āsana)

De la main droite, aspergez votre âsana de quelques gouttes d'eau et dites :

> Ô Terre, notre Mère, Tu portes toute la création sur Tes genoux et Tu es sainte car le Seigneur suprême Te soutient. Comme je suis assis sur Toi, daigne me sanctifier ainsi que cet *âsana*.

ॐ

Dîpa Pûjâ

Consécration de la lampe

Allumez la lampe annexe et à l'aide de celle-ci, la lampe principale. Appliquez de la pâte de santal et du koumkoum sur la partie supérieure et sur la base de la lampe et dites :

> Salutations à la Lumière des lumières ! Puisses-tu dissiper les ténèbres de l'ignorance et m'accorder la fermeté mentale !
> **Om dīpa pūjā samarpayāmi.**

ॐ

Ghanta Pûjâ

Consécration de la clochette

Appliquez de la pâte de santal et du koumkoum sur le renflement de la clochette ; offrez des fleurs à sa base et dites :

Salutations à tous les dévas (dieux) ! Que le son de cette clochette, Om, vibre en mon cœur ! Puissent toutes les bonnes tendances, les dévas, être invoquées en mon cœur et que cessent les influences néfastes !

oṁ āvāhitābhyo sarvābhyo
devatābhyo namaḥ
Faites sonner vivement la clochette de la main droite et dites :
ghanta pūjā samarpayāmi.

ॐ

Kalasha Puja

Invocation des eaux sacrées

Appliquez de la pâte de santal et du koumkoum sur trois côtés du pot qui contient l'eau sacrée ; mettez des fleurs, des feuilles sacrées, de la pâte de santal et du riz dedans et priez en gardant la main droite posée sur l'ouverture :

Puisse le Seigneur Vishnou être invoqué dans l'ouverture de ce pot, le Seigneur Roudra dans le goulot, le Seigneur Brahmâ à sa base et les Mères du monde dans le corps du pot !

kalaśasye mukhe viṣṇuḥ
kaṇṭhe rudraḥ samāśritaḥ
mūle tatra sthito brahmā
madhye mātṛgaṇā smṛtāḥ
Ô Fleuves Gange, Yamouna, Godavari, Sarasvati, Narmada, Sindhou et Kaveri, je vous en prie, soyez présents dans cette eau consacrée ! Que tous les fleuves sacrés du monde soient ici présents !
gange cā yamune caivā godāvarī sarasvati
narmade sindhū kāveri – jalesmin sannidhim kuru

Plongez une fleur dans l'eau consacrée puis avec cette fleur, aspergez la Divinité, vous-même et les ustensiles de la pouja.

ॐ

Sankalpa

Résolution

Mettez dans le creux de votre main droite une cuillerée d'eau, une pincée de riz et une fleur (ou une feuille de basilic) : placez la paume de la main gauche sur la paume de la main droite et posez les mains sur votre genou droit pendant que vous récitez le sankalpa. Selon l'heure à laquelle la pouja est accomplie, vous nommerez le moment de la journée correspondant, à l'endroit indiqué dans le texte. À la fin de la récitation, versez le riz et l'eau dans le plateau destiné au bain de la Divinité au moment où vous prononcez le dernier mot, karīśye. Une fois le sankalpa énoncé, le poujari ne doit pas interrompre ni terminer la pouja avant d'être parvenu au moment de réciter les mantras de clôture.

Maintenant, en cet instant propice, à l'heure de l'éternité, en ce lieu de l'omniscience, en ce jour de bon augure, puissé-je T'être agréable, ô Satgourou Mâtâ Amritânandamayi Dévi. Afin d'atteindre la sagesse, la dévotion et le détachement, je m'engage à accomplir ce rite consacré à la Déesse suprême *(ou à la Divinité invoquée).*

oṁ ādya evam guṇa sakalā
viśesena viśiṣṭāyām
asyām śubhatithau
oṁ mātā amṛtānandamayi devim uddiśya
satguru prītyārtham
bhakti jñāna vairāgya siddhyārtham
yathā śaktī *(insérez le moment de la journée)**

parameśvarī *(ou le nom de la Divinité invoquée)*
pūjānam karīśye

* **uṣat kāla :** *avant l'aube* ; **prātaḥ kāla :** *au lever du soleil ;*
madhyāna kāla : le jour ; sāyam kāla : le soir ;
śayana kāla : la nuit.

Vignesvara Puja

Louange au Seigneur Ganesh

Évoquez mentalement la forme du Seigneur Ganesh ou, si vous avez une image de Ganesh, appliquez-Lui un peu de pâte de santal et de koumkoum, déposez une fleur à Ses pieds et dites en joignant les mains au niveau du cœur :

OM. Ô Seigneur Ganesh, vêtu de blanc éclatant, partout présent dans l'univers, Tu resplendis comme les rayons couleur d'ivoire de la pleine lune avec Tes quatre bras puissants et Ton visage charmant qui reflète le bonheur ; je médite sur Toi, Seigneur, afin que tous les obstacles soient maîtrisés et apaisés.

oṁ śuklāmbaradharam viṣnum
śaśivarṇam caturbhujam
prasanna vadanam dhyāyet
sarva vighnopa śāntaye
śrī ganeṣa prārthana samārpayāmī

Âtma Puja

Adoration du Soi

Appliquez-vous de la cendre sacrée et du koumkoum (facultatif) sur le front et priez :

oṁ ātmane namaḥ – oṁ antarātmane namaḥ
oṁ paramātmane namaḥ – oṁ jñānātmane namaḥ
Ô Soi ! Je Te rends hommage !
Ô Soi Intérieur ! Je Te rends hommage !
Ô Soi Suprême ! Je Te rends hommage !
Ô Soi de Connaissance ! Je Te rends hommage !

Posez ensuite une fleur sur le sommet de votre tête en vous souvenant qu'Amma réside dans votre cœur, qu'Elle est le Soi rayonnant en vous, et dites :

ātma pūjā samarpayāmi.

Dhyânam

Méditation

Joignez les mains et priez en visualisant la forme d'Amma assise en face de vous :

dhyāyāmo-dhavalāvaguṇṭhana-vatīṁ
tejomayīm-naiṣṭhikīṁ
snigdhāpāṅga-vilokinīm-bhagavatīṁ
mandasmita-śrī-mukhīṁ
vātsalyāmṛta-varṣiṇīm-sumadhuraṁ
saṅkīṛttanālāpinīṁ
śyāmāṅgīṁ-madhu-sikta-sūktīṁ
amṛtānandātmikāmīśvarīṁ

Nous méditons sur Toi, au vêtement d'un blanc immaculé,
éblouissante, établie à jamais dans la Vérité.
L'amour qui brille dans Ton regard bienveillant nous captive.
Incarnation des six qualités divines,
dont le visage rayonne d'un sourire doux et plein de grâce,
Toi qui nous baignes sans cesse dans le nectar de Ton affection,
Tu chantes la gloire de Dieu avec tant de douceur,
Toi, dont le teint a la couleur des nuages de pluie,
Dont les paroles sont douces comme le miel,
Béatitude immortelle incarnée,
Déesse Suprême.

Offrez une fleur à Amma et dites :
Ô Satgourou Mâtâ Amritânandamayi, je T'en prie, accepte cette méditation !
oṁ amṛteśvaryai namaḥ
satguru mātā amṛtānandamayīm dhyāyāmi.

ॐ

Sthana Pita Pûjâ

Consécration du plateau où siège la Divinité

Appliquez du koumkoum au centre du plateau réservé au bain d'Amma et répétez « OM » trois fois.

ॐ

Âvâhanam

Invocation

Prenez une fleur et tenez-la contre votre cœur en imaginant qu'Amma y réside. Inspirez profondément, puis expirez lentement à travers les narines en direction de la fleur, en imaginant qu'Amma pénètre en elle. Touchez ensuite la tête d'Amma avec la fleur puis tout Son corps, en descendant jusqu'aux pieds. Mettez des fleurs dans le plateau du bain. Les paumes tournées vers le haut, tendez le plateau à Amma et invitez-La à venir s'y installer en disant :

> Ô Amma, Toi qui es omnisciente, omnipotente, daigne honorer cette pouja et prends place avec fermeté en mon mental, bénis-moi de Ta présence et reste près de moi. Bienvenue, bienvenue à Toi !
>
> **oṁ amṛteśvaryai namaḥ**
> **satguru mātā amṛtānandamayīm āvāhayāmi.**

ॐ

Âsanam

Siège

Visualisez Amma assise devant vous sur un trône en or, souriante, bienveillante et attendant de recevoir les honneurs dûs à Sa qualité d'invitée. Tout en offrant une fleur à Ses pieds, dites :

> Nous avons préparé à Ton intention un trône magnifique orné de pierreries, aux pieds en forme de lion, ô Amma. Accepte

cette offrande et viens résider en mon cœur, m'accordant la joie éternelle!

oṁ amṛteśvaryai namaḥ
ratna siṁhāsanam samarpayāmi.

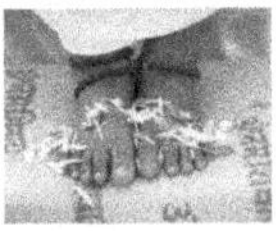

Arghyam et pâdyam

Bienvenue — Bain des pieds

Mettez une cuillerée d'eau consacrée et une fleur dans votre main droite ; tenez-les un moment devant Amma en offrande, puis placez-les dans le plateau réservé pour le bain. Toutes les offrandes d'eau sont faites de cette façon durant la pouja. En répétant les lignes qui suivent, imaginez que vous lavez les pieds d'Amma. Quand vous arrivez à la seconde phrase, offrez une nouvelle cuillerée d'eau — en procédant comme la première fois — et imaginez cette fois que vous Lui lavez les mains.

Ô Amma, je T'offre ce vase, cette eau parfumée et ces fleurs pour Te souhaiter avec respect la bienvenue.
Je lave maintenant avec humilité Tes pieds de lotus, qui sont la source des fleuves sacrés, l'objet de la méditation des yogis et le soutien des dévots désemparés.
Je lave tout doucement Tes précieuses mains qui sont occupées à rétablir le *dharma*, à réconforter les dévots et à ôter les obstacles sur le chemin de la libération, ô Amma, Toi qui protèges le *dharma* et accordes prospérité et libération.
oṁ amṛteśvaryai namaḥ
pādayoḥ pādyam samarpayāmi
hastayoḥ arghyam samarpayāmi.

ॐ

Âchamanîyam

Purification en buvant à petites gorgées

Offrez une cuillerée d'eau à Amma en imaginant qu'Elle la prend au creux de la main pour la boire et dites :

> Ô Amma, je T'offre humblement cette eau fraîche et pure pour que Tu la boives à petites gorgées.
> **oṁ amṛteśvaryai namaḥ**
> **ācamanīyam samarpayāmi.**

ॐ

Madhu Parkam

Miel et yaourt

Offrez en rafraîchissement une cuillerée de yaourt et un peu de miel à Amma et dites :

> Ô Amma, daigne accepter cette offrande de yaourt au miel.
> **oṁ amṛteśvaryai namaḥ**
> **madhuparkam samarpayāmi.**

ॐ

Abhishekam

Bain

En utilisant de préférence la main droite, enlevez les vêtements d'Amma et posez-les sur un plateau à part. Après la pouja, vous devrez les laver à l'eau pure et les étendre de façon à ce qu'ils soient secs pour le prochain rituel. Prenez quelques gouttes d'huile dans la paume de la main droite et touchez la tête d'Amma, puis passez-Lui de l'huile sur tout le corps. Bien sûr, si vous utilisez une photo, ne lui appliquez pas d'huile ni d'eau ou autres matières semblables. Montrez-les Lui simplement, pour les offrir ensuite dans le plateau du bain. Tout en sonnant la clochette, répétez sans cesse :

oṁ amṛteśvaryai namaḥ

tandis que vous versez de l'eau sur Amma avec la cuillère. Les ingrédients suivants peuvent également être utilisés pour le bain s'ils sont disponibles (versez alors de l'eau sur Amma entre chacun d'eux) :

1. du lait
2. du yaourt (lait caillé)
3. du miel
4. du ghi (beurre clarifié)
5. de la salade de fruits
6. du lait de noix de coco
7. de l'eau de rose.

Pour terminer, lavez Amma à l'eau pure et dites :

Ô Amma, puisses-Tu accepter ce bain à l'eau pure et claire des fleuves sacrés du Gange, de la Godavari, de la Krishnâ et de la Yamounâ, qui sont tous venus jusqu'ici.

gaṇgā godāvari kṛṣṇā yamunābhyaḥ
samāhṛtam
salilaṁ vimalaṁ śuddhaṁ snānārtha
pratigṛhṛtām
oṁ amṛteśvaryai namaḥ
śuddhodakena snapayāmi.

Après L'avoir baignée, offrez-Lui une cuillerée d'eau et dites :

Ô Amma, accepte, je T'en prie, cette eau fraîche à boire après Ton bain.
snānānantaram ācamanīyam samarpayāmi

ॐ

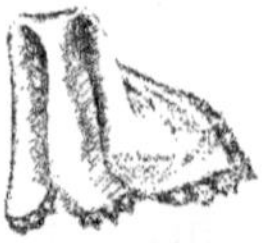

Vastram

Vêtements

Essuyez Amma avec une serviette propre et installez-La sur un plateau sec ou un tissu de soie, sur l'autel. Mettez-Lui une robe ou enroulez un morceau de tissu propre autour de Son corps, ou offrez-Lui une fleur ou une pincée de riz et dites :

Ô Mère omniprésente, daigne accepter ce vêtement resplendissant !
oṁ amṛteśvaryai namaḥ
vastram samarpayāmi

ॐ

Upavîtam

Cordon sacré

Offrez-Lui un cordon sacré, une fleur ou du riz, et dites :

Ô Amma, Toi qui accordes le fruit des actions, accepte, je T'en prie, ce cordon de coton blanc porteur d'action divine !
oṁ amṛteṣvaryai namaḥ
upavītam samarpayāmi

ॐ

Âbharanam

Ornements

Parez Amma d'ornements, ou offrez une fleur ou du riz, et dites :

Ne Te joue pas de moi, qui cherche Ta protection, pare-moi de Ta grâce et sauve-moi, ô Amma ! Accepte, je T'en prie, cette offrande d'ornements !
oṁ amṛteṣvaryai namaḥ
ābharaṇam samarpayāmi

ॐ

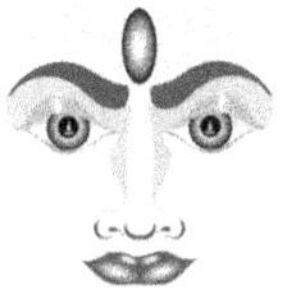

Chandanam

Pâte de santal, koumkoum et vibhouti

Avec l'annulaire, appliquez de la vibhouti, de la pâte de santal et du koumkoum sur le front d'Amma, et dites :

Puisse cette senteur divine être le moyen d'ouvrir les portes de la plénitude et du bien-être. Que ceux-ci se répandent en un flot intarissable, ô Mère de toutes les créatures vivantes ! Comme celui qui, perdu dans les ténèbres, appelle la Lumière, je T'invoque. Je Te mets maintenant de la vibhouti blanche, suprêmement pure et divine, de la pâte de santal des plus odorantes et du koumkoum vermillon.
gandhadvāram duradharṣam
nitya puṣṭam karīṣinīṁ
īśvarīgam sarva bhūtānām
tāmihopahvaye ṣrīyam
oṁ amṛteśvaryai namaḥ

divya parimālā vibhūtī
kumkuma candanam dhārayāmi

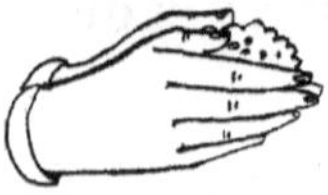

Pushpam

Fleurs

Offrez une poignée de fleurs et dites :

Pour que s'accomplisse ma dévotion envers Toi, ô Mère incomparable, je T'offre pour Ta joie des fleurs fraîchement écloses.
oṁ amṛteśvaryai namaḥ
pūjārthe nānā vidha patra puṣpāni pūjayāmi.

Archana

Les 108 Noms d'Amma

Répétez les 108 Noms d'Amma en offrant, avec chaque nom, une fleur, du riz, ou du koumkoum que vous tenez dans le creux de la main, au niveau du cœur, la paume tournée vers le ciel, puis déposez sur la tête ou aux pieds d'Amma. Ne tenez jamais les fleurs avec l'index.

(N.B. : Voir à la fin de l'ouvrage les litanies des 108 noms d'Amma, de Dévi, de Srî Krishna, de Srî Shiva et de Srî Râma. Vous pouvez aussi répéter les 1000 Noms de la Divinité choisie.)

Dhûpam

Encens

Avec la lampe annexe, allumez au moins deux bâtonnets d'encens et offrez leur parfum à Amma en les faisant tourner trois fois autour de Son visage, dans le sens des aiguilles d'une montre, tout en agitant la clochette. Dites :

> Je T'offre cet encens subtil aux parfums variés pour que Tu prennes plaisir à le respirer.
> **oṁ amṛteśvaryai namaḥ**
> **dhūpam aghrāpayāmi**

Dîpam

Lumière

Allumez la mèche de la cuillère à dîpam avec la lampe annexe et passez sur la cuillère un peu de pâte de santal et de koumkoum. Tenant en même temps dans la main droite une fleur, présentez la lumière à Amma d'un mouvement circulaire dans le sens des aiguilles d'une montre, et ce à trois reprises, tout en faisant sonner la clochette. Reposez ensuite la cuillère et dites :

> J'ai fait brûler devant Toi cette lumière propice, car dans le feu réside la connaissance spirituelle qui nous préserve du mal. Ô Mère, puissent la pureté et la paix se répandre autour de moi, comme la clarté de cette flamme sainte qui illumine toutes choses.

oṁ amṛteśvaryai namaḥ
divya maṅgala dīpam sandarśayāmi
Je T'en prie, accepte cette flamme divine, ô Lumière des lumières !

Offrez une cuillerée d'eau comme boisson purificatrice en disant :

Maintenant que je T'ai offert l'encens et la flamme, accepte de boire encore une fois cette eau fraîche et douce.
oṁ amṛteśvaryai namaḥ
dūpa dīpānantaram ācamanīyam samarpayāmi.

ॐ

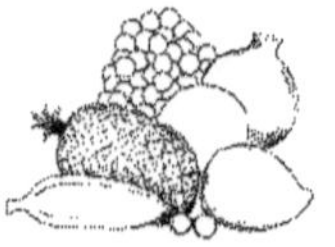

Naivedyam

Nourriture

Ôtez le couvercle du plat de nourriture. Prenez une fleur dans la main droite, trempez-la dans l'eau consacrée et aspergez-en la nourriture. Puis versez une cuillerée d'eau dans le creux de la main droite et décrivez avec la main un cercle autour de l'offrande, trois fois de suite, en laissant l'eau s'écouler lentement entre les doigts jusque sur l'autel, autour du plateau. Offrez ensuite la nourriture à Amma en passant la paume de la main droite au-dessus du plateau puis devant la bouche d'Amma. Procédez ainsi six fois en répétant à chaque mouvement l'un des versets suivants :

oṁ prāṇāya svāhā
oṁ apānāya svāhā
oṁ vyānāya svāhā
oṁ udānāya svāhā
oṁ samānāya svāhā

oṁ brahmaṇe svāhā
Je T'offre, dans cette nourriture, les cinq *prânas* qui maintiennent la vie. En tout amour, en toute sincérité, je T'offre l'essence de cet humble plateau de nourriture. Daigne l'accepter et trouver en elle le plus fin des repas, ô Amma.
oṁ amṛteśvaryai namaḥ
nānā vidha mahā naivedyam nivedayāmi

Offrez ensuite à Amma cinq cuillerées d'eau, l'une après l'autre, en disant :

Je T'apporte de l'eau fraîche à boire pendant Ton repas, puis encore une fois pour le conclure. Voici maintenant de l'eau pour Te rincer les mains et la bouche, ô Amma, et encore de l'eau fraîche et douce pour boire à petites gorgées purificatrices.
madhye madhye sītala pānīyam samarpayāmi
uttarāpoṣanam samarpayāmi
hasta prakṣālanam samarpayāmi
mukha prakṣālanam samarpayāmi
śuddhācamanīyam samarpayāmi

ॐ

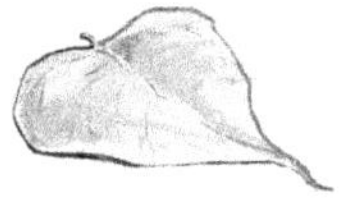

Tâmbûlam

Feuilles et noix de bétel

Offrez une fleur, du riz, ou du tâmbûlam si vous en avez, en disant :

Ô Amma, voici des noix de bétel et de la chaux pour Ton plaisir.
oṁ amṛteśvaryai namaḥ
tāmbūlam samarpayāmi

ॐ

Karpura Nirânjanam

Camphre enflammé (ârati)

Allumez le camphre qui se trouve dans la cuillère et mettez sur le manche de cette dernière un peu de koumkoum et de pâte de santal. Tenez la cuillère et une fleur dans la main droite et décrivez avec la flamme un cercle autour d'Amma, en commençant à Ses pieds. Répétez ce mouvement trois fois, dans le sens des aiguilles d'une montre, tout en agitant la clochette et en disant :

oṁ jaya jaya jagajananī vande amṛtānandamayī
maṅgala ārati mātā bhavānī amṛtānandamayī
mātā amṛtānandamayī mātā amṛtānandamayī
oṁ amṛteśvaryai namaḥ
divya maṅgala nirānjanam darśayāmi

Victoire à la Mère de l'univers, Mâtâ Amritânandamayi, et obéissance à Toi ! Que cet *ârati en Ton honneur soit divin et des plus propices, ô Mère Bhavâni.*

Offrez une cuillerée d'eau à la Divinité et dites :

Ô Amma, accepte de prendre cette eau pure et fraîche.
om amṛteśvaryai namaḥ
ācamanīyam samarpayāmi

Après avoir prononcé ce mantra, tendez la flamme aux participants en la passant à tour de rôle d'une personne à l'autre, dans le sens des aiguilles d'une montre, en ayant soin de la présenter en priorité aux personnalités présentes – votre Gourou, votre professeur, vos parents. Ceux-ci passent les doigts des deux mains dans la flamme puis s'effleurent les yeux, et ceci à trois reprises.

Les doigts doivent traverser la flamme. Si vous êtes seul dans la pièce, et seulement dans ce cas, passez vous-même les mains dans la flamme comme décrit plus haut, sinon abstenez-vous.

Présentez ensuite la flamme aux murtis (divinités) sur l'autel avant de l'éteindre d'un mouvement bref de la main droite. L'extinction de la flamme ne se fait jamais directement en face de l'autel : le poujari se tourne en général vers la gauche, hors de vue de l'assistance.

ॐ

Mantra Pushpam

Fleurs et louanges

Les mains jointes devant vous en forme de coupe, tenez sans les serrer des fleurs fraichement coupées, en hommage à Amma. Si vous n'avez pas de fleurs, offrez du riz. Récitez les versets qui suivent avec dévotion et au moment où vous prononcez le dernier mot, samarpayâmi, lancez les fleurs en l'air, légèrement au-dessus de l'autel, pour qu'elles retombent en pluie sur Amma.

> J'adore avec ferveur la Mère de l'univers en Lui offrant ces fleurs fraîchement écloses. Ô Amma, daigne accepter cette offrande de fleurs qui représentent le lotus de mon cœur.
> **oṁ amṛteśvaryai namaḥ**
> **mantrapuṣpāni samarpayāmi**

ॐ

Âtma Pradakshina Namaskâram

Circumambulation et prosternation

Levez-vous et tournez sur vous-même trois fois de suite dans le sens des aiguilles d'une montre, devant l'autel, puis prosternez-vous devant Amma et une fois relevé, dites :

Ô Amma, Mère Divine omniprésente, accepte de bonne grâce mes hommages.

oṁ amṛteśvaryai namaḥ
ātma pradakṣina namaskāram samarpayāmi

Nrityam et Gîtâ

Danse et chant

Dansez devant Amma ou offrez-Lui une fleur et dites :

Ô Amma, puisses-Tu aimer ma danse !

oṁ amrteśvaryai namaḥ
nṛtyam darśayāmi

Chantez un bhajan ou un hymne et dites :

Ô Amma, puisses-Tu être heureuse de m'entendre chanter Tes louanges !

oṁ amṛteśvaryai namaḥ
gītam sravayāmi

Offrez ensuite une fleur à la place de chacun des objets suivants en disant :

Ô Amma, accepte en offrande l'ombrelle, l'éventail en queue de yack, le miroir et tous les autres ornements royaux.

oṁ amṛteśvaryai namaḥ
chatra cāmara vyajana darpaṇādi
samasta rājopacārān samarpayāmi

ॐ

Consécration et abandon au Divin

Avant de réciter le verset qui suit, prenez une pincée de riz entre les doigts de la main droite, placez-le dans la paume de la main gauche, puis transférez-le immédiatement dans la paume de la main droite. Ajoutez ensuite à ce riz trois cuillerées d'eau pure. Présentez ce mélange à Amma en plaçant la main gauche sous la main droite, et récitez le verset suivant :

Maintenant, j'ai accompli de mon mieux cette pouja et je T'ai adorée, Mère chérie, la plus radieuse de toutes les Déesses. Puisse cette pouja Te plaire et Te rendre heureuse. Enveloppée de Ta présence, je m'abandonne entre Tes mains, ô Amma.
anena yathā śaktyā kṛta
(mentionnez ici le moment de la journée — voir Sankalpa)
pūjayā bhagavatī sarva devatātmika
śrī amṛteśvari suprīta
suprasanna varada bhavatu

Au moment où vous prononcez le dernier mot, laissez échapper le riz et l'eau dans le plateau.

Ce verset marque la fin rituelle de la pouja : jusque-là, le poujari ne doit ni interrompre la cérémonie ni s'absenter de l'oratoire.

Vous pouvez alors offrir à l'assistance les articles consacrés (prasâdam), dans l'ordre suivant : vibhouti, pâte de santal, koumkoum, fleurs, tîrtham (l'eau consacrée) et naivedyam (la nourriture).

Lorsque tous les participants ont reçu le prasâdam, vous pouvez vous-même en prendre.

ॐ

Demande d'indulgence

Cette demande, qui conclut la pouja, est formulée les mains jointes en namaskâram et traditionnellement, à la fin du verset, le poujari se prosterne devant l'autel. Ceci clôt officiellement le rituel qui se termine ainsi par une marque de grande dévotion.

Ô Déesse suprême, je ne sais pas T'invoquer ni communiquer avec Toi telle que Tu es. Je n'ai pas acquis la connaissance des rites telle qu'en ont les prêtres. Aussi, je T'en prie, pardonne avec indulgence les omissions et les fautes que j'ai pu commettre. Je sais peu des mantras et de la manière juste et pieuse de me comporter et la vraie dévotion m'est étrangère. Pardonne-moi, je T'en prie, et ce rite de vénération que je viens d'accomplir, accepte-le comme entier et complet car Tu es mon seul refuge, mon Impératrice suprême. Pour moi, il n'y a que Toi. C'est pourquoi j'implore Ta miséricorde, ô Amma. Protège-moi, qui Te prie.

oṁ āvāhanam na jānāmi na jānāmi visarjanam
pūjāñcaiva na jānāmi kṣamyatām parameśvarī
mantra hīnam kriyā hīnam bhakti hīnam sureśvarī
yatpūjitam mayā devi paripūrṇam tadastu te
anyathā śaraṇam nāsti tvameva śaraṇam mama
tasmāt kāruṇya bhāvena rakṣa rakṣa maheśvarī

Prenez une fleur aux pieds d'Amma. Sentez son parfum et serrez-la sur votre cœur en imaginant que la présence du Seigneur, qui a été invoquée au début de la pouja pour aller de votre cœur dans l'image, retourne maintenant dans votre cœur.

Dites :
oṁ amṛteśvaryai namaḥ
asmāt kandāt asmāt bimbāt
yathā sthānaṁ pratiṣṭhāpayāmi
śobhanārthe kṣemāya punarāgamanāya ca
Ô Amma, je T'en prie, reviens dans Ta demeure, dans mon cœur, et à l'avenir bénis-moi encore de Ta présence pour que je progresse vers la perfection et la libération.

ॐ

Les 108 Noms de Mâtâ Amritânandamayi

Aum, Amma, hommage à Toi...

1. **oṁ pūrṇa-brahma-svarūpiṇyai namaḥ**
...manifestation absolue de Brahman (l'Être Suprême).
2. **oṁ saccidānanda mūrtaye namaḥ**
...existence, conscience, joie incarnées.
3. **oṁ ātmā-rāmāgragaṇyāyai namaḥ**
...première parmi ceux qui se réjouissent dans le Soi.
4. **oṁ yoga-līnāntarātmane namaḥ**
...Ton Soi le plus profond a fusionné en Yoga (union du soi individuel et de Brahman).
5. **oṁ antar-mukha-svabhāvāyai namaḥ**
...par nature, Tu es tournée vers l'intérieur.
6. **oṁ turīya-tuṅga-sthalījjuṣe namaḥ**
...Tu demeures naturellement dans « le quatrième » (turîya), le plan de conscience le plus élevé.
7. **oṁ prabhā-maṇḍala-vītāyai namaḥ**
...totalement enveloppée de lumière divine.
8. **oṁ durāsada-mahaujase namaḥ**
...Ta grandeur est insurpassable.
9. **oṁ tyakta-dig-vastu-kālādi-sarvāvacceda-rāśaye namaḥ**
...libérée de toutes limitations de la matière, du temps et de l'espace.
10. **oṁ-sajātīya-vijātīya-svīya-bheda-nirākṛte namaḥ**
...Tu T'es libérée de tout sentiment de différence (au sein de la même espèce, entre différentes espèces, en Toi-même).

11. **oṁ-vāṇī-buddhi-vimṛgyāyai namaḥ**
...ni la parole ni l'intellect ne peuvent T'appréhender.

12. **oṁ śaśvad-avyakta-vartmane namaḥ**
...Ta voie est à jamais indéfinissable.

13. **oṁ nāma-rūpādi-śūnyāyai namaḥ**
...sans nom, sans forme.

14. **oṁ śūnya-kalpa-vibhūtaye namaḥ**
...à Tes yeux, les pouvoirs surhumains sont presque insignifiants, comme l'est la dissolution de l'univers.

15. **oṁ ṣaḍaiśvarya-samudrāyai namaḥ**
...Tu portes les marques favorables des six qualités divines

16. **oṁ dūrī-kṛta-ṣaḍ-ūrmaye namaḥ**
...Tu n'es pas touchée par les six modifications de la vie (naissance, existence, croissance, évolution, dégénérescence et désintégration).

17. **oṁ nitya-prabuddha-saṁśuddha-nirmuktātma-prabhāmuce namaḥ**
...Tu irradies la lumière du Soi — éternel, conscient, pur et libre.

18. **oṁ kāruṇyākula-cittāyai namaḥ**
...pleine de compassion.

19. **oṁ tyakta-yoga-suṣuptaye namaḥ**
...Tu as renoncé au sommeil yogique.

20. **oṁ kerala-kṣmāvatīrṇāyai namaḥ**
...Tu T'es incarnée au Kérala.

21. **oṁ mānuṣa-strī-vapurbhṛte namaḥ**
...Tu as un corps humain féminin.

22. **oṁ dharmiṣṭha-suguṇānanda damayantī-svayaṁ-bhuve namaḥ**
...Tu T'es incarnée, de Ton propre gré, comme la fille des vertueux Sougounanandan et Damayanthi.

23. **oṁ mātā-pitṛ-cirācīrṇa-puṇya-pūra-phalātmane namaḥ**

...Ta naissance est pour Tes parents le fruit de nombreuses vies de vertu.

24. **oṁ niśśabda-jananī-garbha-nirgamādbhuta-karmaṇe namaḥ**

...comme par miracle, Tu gardas le silence lorsque Tu sortis du sein de Ta mère.

25. **oṁ kālī-śrī-kṛṣṇa-saṅkāśa-komala-śyāmala-tviṣe namaḥ**

...Tu as le beau teint sombre de Kâli et de Krishna.

26. **oṁ cira-naṣṭa punar-labdha-bhārgava-kṣetra-sampade namaḥ**

...Tu es le trésor, longtemps perdu et enfin retrouvé, du Kérala (pays de Bhargava, une Incarnation).

27. **oṁ mṛta-prāya-bhṛgu-kṣetra punar-uddhita-tejase namaḥ**

...Tu es la vie du Kérala, qui était en train de mourir et s'est réveillé.

28. **oṁ sauśīlyādi-guṇākṛṣṭa-jaṅgama-sthāvarālaye namaḥ**

...par Tes bonnes qualités, Tes manières plaisantes, Tu attires la création entière (animée et inanimée).

29. **oṁ manuṣya-mṛga-pakṣyādi sarva-saṁsevitāṅghraye namaḥ**

...Tes Pieds sont honorés par les humains, les animaux, les oiseaux et tous les autres.

30. **oṁ naisargika-dayā-tīrtha-snāna-klinnāntar'ātmane namaḥ**

...Ton mental baigne en permanence dans le fleuve sacré de la miséricorde.

31. **oṁ daridra-janatā-hasta-samarpita nijāndhase namaḥ**

...Tu offrais Ta nourriture aux pauvres.

32. **oṁ anya-vaktra-pra-bhuktānna pūrita-svīya-kukṣaye namaḥ**

...Ton besoin de nourriture est pleinement satisfait quand Tu vois les autres prendre leur repas.

33. **oṁ samprāpta-sarva-bhūtātma svātma-sattānubhūtaye namaḥ**

...Tu as atteint l'état d'unité avec tout ce qui est.

34. **oṁ aśikṣita-svayam-svānta-sphurat-kṛṣṇa-vibhūtaye namaḥ**

...Tu savais tout sur Krishna sans qu'on Te l'ai enseigné.

35. **oṁ acchinna-madhurodāra kṛṣṇa-līlānusandhaye namaḥ**

...Tu méditais sans cesse sur les divers jeux du Seigneur Krishna, qui Te rappelle de doux souvenirs.

36. **oṁ nandātmaja-mukhāloka nityotkaṇṭhita cetase namaḥ**

...Ton mental brûlait toujours du désir de voir le fils de Nanda (Krishna).

37. **oṁ govinda viprayogādhi-dāva-dagdhāntar'ātmane namaḥ**

...Ton mental se consumait dans le feu de la douleur d'être séparée de Govinda (Krishna).

38. **oṁ viyoga-śoka-sammūrcchā-muhur-patita-varṣmaṇe namaḥ**

...Ton corps s'effondrait souvent, perdant conscience à cause de la douleur de ne pas être unie à Krishna.

39. **oṁ sārameyādi vihita-śuśrūṣā-labdha buddhaye namaḥ**

...Il reprenait conscience grâce aux bons soins que lui administraient les chiens et autres animaux.

40. **oṁ prema-bhakti balākṛṣṭa-prādur-bhāvita śārṅgiṇe namaḥ**

...Ton amour suprême a en quelque sorte forcé Krishna à se manifester devant Toi.

41. **oṁ kṛṣṇa-loka mahāhlāda-dhvasta śokāntar' ātmane namaḥ**

...Ton mental a été délivré de son tourment par la joie immense de cette vision de Krishna.

42. **oṁ kāñcī-candraka-manjīra vaṁśī śobhi svabhū-dṛśe namaḥ**

...Tu vis la forme resplendissante de Krishna avec les ornements d'or accrochés à la ceinture, les bracelets de chevilles, la plume de paon et la flûte.

43. **oṁ sārvatrika hṛiṣīkeśa sānnidhya laharī-spṛśe namaḥ**

...Tu ressentis l'omniprésence de Rishikesha (un autre nom de Krishna qui signifie : celui qui a maîtrisé les sens).

44. **oṁ susmera-tan mukhāloka vi-smerotphulla-dṛṣṭaye namaḥ**

...Tes yeux restèrent grands ouverts, à la joie de contempler le visage souriant (de Krishna).

45. **oṁ tat-kānti-yamunā-sparśa-hṛṣṭa romāṅga-yaṣṭaye namaḥ**

...Tes cheveux se hérissèrent quand Tu baignas dans cette lumière (émanant de Krishna) qui était comme la rivière Yamounâ.

46. **oṁ apratīkṣita saṁprāpta-devī-rūpopalabdhaye namaḥ**
...Tu eus une vision inattendue de la Mère Divine.

47. **oṁ pāṇī-padma svapadvīṇā śobhamān'āṁbikādṛśe namaḥ**
...Tu vis la forme merveilleuse de la Mère Divine, tenant entre Ses mains de lotus une vîna.

48. **oṁ devī sadyas-tirodhāna tāpa-vyathita-cetase namaḥ**
...Tu fus remplie de tristesse quand la Mère Divine disparut soudain.

49. **oṁ dīna-rodana-nir-ghoṣa-dīrṇa-dikkarṇa-vartmane namaḥ**
...Tes lamentations déchirèrent le tympan des quatre cieux.

50. **oṁ tyaktānna-pāna nidrādi-sarva-daihika-dharmaṇe namaḥ**
...Tu abandonnas toutes pensées concernant Ton corps : manger, boire, dormir, etc.

51. **oṁ kurarādi-samānīta-bhakṣya-poṣita-varṣmaṇe namaḥ**
...Ton corps trouva sa subsistance dans la nourriture que lui apportaient les oiseaux et autres animaux.

52. **oṁ vīṇā-niṣyanti-saṅgīta-lālita-śruti-nālaye namaḥ**
...Tes oreilles se remplirent des ondes de mélodies divines émanant de la vîna (que la Mère Divine tient dans Ses mains).

53. **oṁ apāra-paramānanda laharī-magna-cetase namaḥ**
...Ton mental se fondit dans la béatutide suprême et sans limite.

54. **oṁ caṇḍikā-bhīkarākāra darśanālabdha-śarmaṇe namaḥ**

...Tu ne fus pas satisfaite par la vision de la Mère Divine sous Sa forme terrible (Chandikâ).

55. **oṁ śānta-rūpāmṛtajharī-pāraṇā nirvṛtātmane namaḥ**

...Tu fus pleinement satisfaite en buvant à la rivière d'ambroisie de la Mère Divine sous Son aspect bienheureux.

56. **oṁ śāradā-smārakāśeṣa-svabhāva-guṇa-saṁpade namaḥ**

...Ta nature et toutes Tes qualités nous rappellent Srî Sharada Dévi (la compagne de Srî Râmakrishna Paramahamsa).

57. **oṁ prati-bimbita-cāndreya-śāradobhaya-mūrtaye namaḥ**

...en Toi se reflètent les formes de Srî Râmakrishna et de Sharada Dévi.

58. **oṁ tannāṭakābhinayana-nitya-raṅgayitātmane namaḥ**

...en Toi, nous pouvons voir la lîla de ces deux-là (Srî Râmakrishna et Sharada Dévi) se jouer à nouveau.

59. **oṁ cāndreyā-śāradā-kelī-kallolita-sudhābdhaye namaḥ**

...océan de nectar d'où s'élèvent les vagues des jeux variés de Srî Râmakrishna et de Sharada Devi.

60. **oṁ uttejita-bhṛgu-kṣetra-daiva-caitanya raṁhase namaḥ**

...Tu as donné force aux potentialités divines du Kérala.

61. **oṁ bhūyaḥ-pratyavaruddhārṣa-divya-saṁskāra-rāśaye namaḥ**

...Tu as redonné vie aux valeurs éternelles établies par les Rishis.

62. **oṁ aprākṛtāt-bhūtānanda-kalyāṇa-guṇa-sindhave namaḥ**

...océan de qualités divines, merveilleuses et pleines de béatitude.

63. **oṁ aiśvarya-vīrya-kīrti-śrī-jñāna-vairāgya-veśmaṇe namaḥ**

...incarnation de aishvarya (commande, maîtrise, contrôle), vîrya (force spirituelle, dynamique), kîrti (gloire, renommée), shrî (ce qui est de bon augure et favorise le bien), jnâna (connaissance spirituelle), vairâgya (cessation complète du désir et de l'attachement), les six traits caractéristiques d'une incarnation divine.

64. **oṁ upātta-bāla-gopāla veṣa-bhūṣā-vibhūtaye namaḥ**

...Tu as acquis la forme et les qualités de Bala Gopala (Krishna enfant).

65. **oṁ smera-snigdha-kaṭākṣāyai namaḥ**

...Ton regard est des plus doux et des plus aimants.

66. **oṁ svairādyuṣita-vedaye namaḥ**

...sous la forme de Krishna, Tu joues librement (avec les dévots).

67. **oṁ piñcha-kuṇḍala-mañjīra vaṁśikā kiṅkiṇī-bhṛte namaḥ**

...comme Krishna, Tu as porté tous les ornements, la plume de paon et la flûte.

68. **oṁ bhakta-lokākhilā-bhīṣṭa pūraṇa prīṇanecchave namaḥ**

...Tu veux faire plaisir à Tes dévots en exauçant tous leurs désirs.

69. **oṁ pīṭhārūḍha-mahādevī-bhāva-bhāsvara-mūrtaye namaḥ**

...quand Tu incarnes la Grande Mère Divine, trônant sur l'autel, Ton rayonnement est immense.

70. **oṁ bhūṣan'āmbara-veṣa-śrī dīpya-mānāṁga-yaṣṭaye namaḥ**

...paré de bijoux et d'un vêtement extraordinaire, Ton corps entier resplendit comme celui de la Mère Divine.

71. **oṁ suprasanna-mukhāṁbhoja-varābhayada pāṇaye namaḥ**

...Ton visage radieux, rayonnant, est aussi beau qu'une fleur de lotus et Tes mains forment un geste de bénédiction.

72. **oṁ kirīṭa-raśanākarṇa-pūra-svarṇa-paṭī-bhṛte namaḥ**

...Tu portes tous les bijoux en or et la couronne, comme la Mère Divine.

73. **oṁ jihva-līḍha-mahā-rogi-bībhatsa vraṇita-tvace namaḥ**

...avec Ta langue, Tu lèches les ulcères purulents sur la peau des malades ou de ceux qui souffrent.

74. **oṁ tvag-roga-dhvaṁsa-niṣṇāta gaurāṅgāpara-mūrtaye namaḥ**

...Tu guéris les maladies de peau, comme Srî Chaitanya.

75. **oṁ steya-himsā-surāpānā-dyaśeṣādharma-vidviṣe namaḥ**

...Tu réprouves sévèrement les actions mauvaises, comme de voler, de faire du mal aux autres, de consommer des produits intoxicants.

76. **oṁ tyāga-vairagya-maitryādi-sarva sadvāsanā puṣe namaḥ**

...Tu encourages le développement de qualités comme le renoncement, le détachement, l'amour, etc.

77. **oṁ pādāśrita-manorūḍha-dussaṁskāra-rahomuṣe namaḥ**
...Tu dérobes les mauvaises tendances dans le cœur de ceux qui ont pris refuge en Toi.

78. **oṁ prema-bhakti-sudhāsikta-sādhu-citta-guhājjuṣe namaḥ**
...Tu résides au fond du cœur de ceux qui ont une grande dévotion.

79. **oṁ sudhāmaṇi mahā-nāmne namaḥ**
...Tu portes le nom suprême de Soudhâmani.

80. **oṁ subhāṣita sudhā-muce namaḥ**
...Tes paroles sont douces comme l'ambroisie.

81. **oṁ amṛtānanda-mayyākhyā-janakarṇa-puṭa-spṛśe namaḥ**
...Tu es bien connue dans le monde, sous Ton nom de Mâtâ Amritânandamayi.

82. **oṁ dṛpta-datta-viraktāyai namaḥ**
...Tu éprouves de l'aversion pour les offrandes des gens vains et matérialistes.

83. **oṁ namrārpita-bhubhukṣave namaḥ**
...Tu acceptes la nourriture offerte avec humilité par Tes dévots.

84. **oṁ utsṛṣṭa-bhogi-saṁgāyai namaḥ**
...Tu évites les gens sensuels.

85. **oṁ yogi-saṁga-riraṁsave namaḥ**
...Tu aimes la compagnie des yogis.

86. **oṁ abhinandita-dānādi-śubha-karmā-bhivṛddhaye namaḥ**
...Tu encourages les bonnes actions, comme la charité, etc.

87. **oṁ abhivandita niśśeṣa sthira-jaṁgama sṛṣṭaye namaḥ**
...les êtres des mondes sensibles et subtils T'adorent.

88. **oṁ protsāhita brahma-vidyā sampradāya-pravṛttaye namaḥ**
...Tu encourages l'étude qui conduit à la vérité.

89. **oṁ punar'āsādita-śreṣṭha-tapovipina-vṛttaye namaḥ**
...Tu as ressuscité le grand art de vivre des sages des forêts.

90. **oṁ bhūyo gurukulā-vāsa-śikṣaṇotsuka-medhase namaḥ**
...Tu éprouves beaucoup d'intérêt à rétablir le système d'éducation des gurukulas.

91. **oṁ aneka-naiṣṭhika-brahmacāri nirmātṛ-vedhase namaḥ**
...Tu es la Mère de bien des brahmachâris sincères.

92. **oṁ śiṣya-saṁkrāmita-svīya-projvalat-brahma-varcase namaḥ**
...Tu as donné à Tes disciples un éclat divin.

93. **oṁ antevāsi-janāśeṣa-ceṣṭā-pātita dṛṣṭaye namaḥ**
...Tu vois toutes les actions de Tes disciples.

94. **oṁ mohāndha-kāra-sañcāri-lokā-nugrāhi-rociṣe namaḥ**
...Tu prends plaisir à bénir les mondes, comme une lampe chasse les ténèbres.

95. **oṁ tamaḥ-kliṣṭa-mano-vṛṣṭa-svaprakāśa-śubhāśiṣe namaḥ**
...Tu es la lumière pour l'ignorant.

96. **oṁ bhakta-śuddhānṭa-raṁgastha bhadra-dīpa-śikhā-tviṣe namaḥ**
...Tu es la flamme vive de la lampe allumée dans le cœur pur des dévots.

97. **oṁ saprīthi-bhukta-bhaktaughanyarpita-sneha-sarpiṣe namaḥ**

...Tu aimes goûter le ghi (beurre clarifié) de l'amour des dévots.

98. **oṁ śiṣya-varya-sabhā-madhya dhyāna-yoga-vidhitsave namaḥ**

...Tu aimes T'asseoir en méditation parmi les disciples.

99. **oṁ śaśvalloka-hitācāra-magna dehendriyāsave namaḥ**

...Tu es sans cesse concernée par le bien-être du monde.

100. **oṁ nija-puṇya-pradānānya-pāpādāna-cikīrṣave namaḥ**

...Tu es heureuse d'échanger Tes propres mérites contre les mauvaises actions des autres.

101. **oṁ para-svaryāpana-svīya naraka-prāpti-lipsave namaḥ**

...Tu éprouves du bonheur à échanger le paradis contre l'enfer afin de soulager autrui.

102. **oṁ rathotsava-calat-kanyā-kumārī-martya-mūrtaye namaḥ**

...Tu es Kanya Koumari (Déesse du Cap Comorin) dans une forme humaine.

103. **oṁ vimo-hārṇava nirmagna bhṛgu-kṣetrojjihīrṣave namaḥ**

...Tu désires ardemment relever ce pays du Kérala qui est plongé dans l'océan de l'ignorance.

104. **oṁ punassantā-nita-dvaipāyana-satkula-tantave namaḥ**

...Tu as élevé le rang de cette communauté de pêcheurs en prenant naissance dans leur lignée, qu'on dit être la lignée du grand sage Vyâsa.

105. oṁ veda-śāstra-purāṇetihāsa-śāśvata-bandhave namaḥ

...Tu encourages la connaissance des Védas et de tous les autres textes spirituels.

106. oṁ bṛghu-kṣetra-samun-mīlat-para -daivata-tejase namaḥ

...Tu es la conscience divine de l'éveil du Kérala.

107. oṁ devyai namaḥ

...Grande Mère Divine.

108. oṁ premāmṛtānandamayyai nityam namo namaḥ

Aum, nous nous prosternons devant Toi, éternellement pleine d'amour divin et de béatitude.

ॐ

Les 108 Noms de Dévi (la Mère Divine)

Dhyânam

sindūrāruṇa-vigrahāṁ tri-nayanām māṇikya-mauli-
sphurat-tārānāyaka-śekharām smitamukhīm
āpīna-vakṣoruhām
pāṇibhyām-alipūrṇa-ratna-caṣakam
raktotpalam-bibhratīm
saumyāṁ ratna-ghaṭastha-rakta-caraṇāṁ
dhyāyetparāmambikām

dhyāyet padmāsanasthām vikasita-vadanām
padma-patrāyatākṣīm
hemābhām pītavastrām kara-kalita-lasad-
hema-padmām varāṅgim

sarvālaṅkāra-yuktām satatam-abhayadām
bhaktanamrām bhavānīm
śrīvidyām śāntamūrtīm sakala-sura-nutāṁ
sarva-sampat-pradātrīm

sakuṅkuma-vilepanām-alika-cumbi-kastūrikām
samanda-hasitekṣaṇām saśara-cāpa pāśāṅkuśām
aśeṣa-jana-mohinīm aruṇa-mālya bhūṣojvalām
japā-kusuma-bhāsurām japavidhau smaredambikām

aruṇāṁ karuṇā-taraṅgitākṣīṁ
dhṛta-pāśāṅkuśa puṣpa-bāṇa-cāpām
aṇimādibhir āvṛtām mayūkhai
raham-ityeva vibhāvaye maheśīm

Méditation

Son teint est couleur du sindoura rouge, Elle a trois yeux et porte sur Son diadème de pierres précieuses un croissant de lune à l'éclat merveilleux. Son sourire bienveillant montre qu'il est facile de L'approcher ; Ses enfants trouvent en Sa poitrine généreuse une réserve inépuisable du lait de vie ; la coupe de miel qu'Elle tient dans une main et le lotus rouge dans l'autre symbolisent la joie et la sagesse dont Elle seule est la source ; et Ses pieds posés sur l'urne précieuse emplie de riches joyaux indiquent qu'il n'est pas difficile de les obtenir pour ceux qui s'abandonnent à Ses pieds et prennent refuge en Elle...

Je médite sur Srî Bhavâni qui est assise dans un lotus, le visage rayonnant de joie, les yeux doux et allongés tels des pétales de lotus, d'une teinte dorée ; Elle est vêtue de soie jaune et tient à la main un lotus d'or ; Elle dissipe la peur ; Ses dévots se prosternent devant Elle ; Elle est l'incarnation même de la paix et de Srî Vidyâ. Adorée par les êtres célestes, Elle accorde toutes les richesses désirables...

Je médite sur la Mère dont les yeux sont un sourire, qui tient dans Ses mains l'arc, la flèche, le lasso et l'aiguillon, qui captive tout le monde sans exception ; Elle est parée de guirlandes rouges et de maints ornements et Son corps est peint de vermillon ; sur Son front est un baiser de musc et Elle est rouge et tendre comme une fleur de japa...

Je médite sur la grande Impératrice au teint rouge, au regard empli de compassion, qui tient dans Ses mains le lasso, l'aiguillon, l'arc et la flèche fleurie, entourée de tous côtés par les pouvoirs qui fusent autour d'Elle comme des rayons — par exemple celui de Se rendre infiniment petite (animâ) —, comme si Elle était le Soi à l'intérieur de moi...

Aum, Mère Divine, hommage à Toi...

1. **oṁ śrī lalitāmbikāyai namaḥ**
   ...Srî Lalitâmbika, Déesse Suprême.
2. **oṁ śrī-mātre namaḥ**
   ...Mère Divine.
3. **oṁ śrī-mahā-rājñyai namaḥ**
   ...Grande Impératrice.
4. **oṁ bhavānyai namaḥ**
   ...parèdre de Shiva.
5. **oṁ bhāvanā-gamyāyai namaḥ**
   ...que l'on peut atteindre en méditant sans cesse sur la Vérité.
6. **oṁ bhadra-priyāyai namaḥ**
   ...qui aimes à être bienveillante.
7. **oṁ bhadra-mūrtaye namaḥ**
   ...incarnation de la bienveillance.
8. **oṁ bhakti-priyāyai namaḥ**
   ...qui prend plaisir à la vénération pleine d'amour de Tes dévots.
9. **oṁ bhakti-gamyāyai namaḥ**
   ...que l'on atteint par le service sincère et la méditation.
10. **oṁ bhakti-vaśyāyai namaḥ**
    ...que l'on fait sienne par des actes d'amour et de dévotion.
11. **oṁ bhay'āpahāyai namaḥ**
    ...qui chasses toute peur.
12. **oṁ śāmbhavyai namaḥ**
    ...qui rends un culte à Shambou (Shiva).

13. **oṁ śārad'ārādhyāyai namaḥ**
...adorée de Sharada, la Déesse de la Connaissance (ou : adorée pendant l'automne).
14. **oṁ śarvāṇyai namaḥ**
...épouse de Shiva.
15. **oṁ śarmadāyinyai namaḥ**
...qui donnes toujours le bonheur.
16. **oṁ śāṅkaryai namaḥ**
...qui es inséparable de Shankara (Paramashiva le Bénéfique).
17. **oṁ śrīkaryai namaḥ**
...Lakshmî, parèdre de Vishnou.
18. **oṁ śāt'odaryai namaḥ**
...dont la taille est fine.
19. **oṁ śāntimatyai namaḥ**
...toujours en paix.
20. **oṁ nirādhārāyai namaḥ**
...sans autre soutien (que Toi-même).
21. **oṁ nirañjanāyai namaḥ**
...immaculée.
22. **oṁ nirlepāyai namaḥ**
...sans souillure.
23. **oṁ nirmalāyai namaḥ**
...pure à jamais.
24. **oṁ nityāyai namaḥ**
...éternelle.
25. **oṁ nirākārāyai namaḥ**
...sans forme.
26. **oṁ nirākulāyai namaḥ**
...jamais troublée.
27. **oṁ nirguṇāyai namaḥ**
...sans attributs.

28. **oṁ niṣkalāyai namaḥ**
...Une, indivisible.
29. **oṁ śāntāyai namaḥ**
...parfaitement sereine.
30. **oṁ niṣkāmāyai namaḥ**
...exempte de tout désir.
31. **oṁ nitya-muktāyai namaḥ**
...éternellement libre.
32. **oṁ nirvikārāyai namaḥ**
...base immuable de tout changement.
33. **oṁ niṣprapañcāyai namaḥ**
...au-delà des phénomènes du monde (de la multiplicité).
34. **oṁ nirāśrayāyai namaḥ**
...qui ne dépends de personne.
35. **oṁ nitya-śuddhāyai namaḥ**
...éternellement pure.
36. **oṁ nitya-buddhāyai namaḥ**
...éternellement éveillée (demeure éternelle de la Connaissance).
37. **oṁ nir-avadyāyai namaḥ**
...exempte de tout défaut.
38. **oṁ nir-antarāyai namaḥ**
...sans fin.
39. **oṁ niṣ-kāraṇāyai namaḥ**
...sans commencement.
40. **oṁ niṣ-kalaṅkāyai namaḥ**
...sans faute d'aucune sorte.
41. **oṁ nir-upādhaye namaḥ**
...sans limites.
42. **oṁ nir-īśvarāyai namaḥ**
...Suprême (sans supérieur).

43. **oṁ nīrāgāyai namaḥ**
...sans passions.
44. **oṁ rāga-mathanyai namaḥ**
...qui détruis toutes les passions (les attachements).
45. **oṁ nir-madāyai namaḥ**
...sans orgueil.
46. **oṁ mada-nāśinyai namaḥ**
...qui détruis l'orgueil (l'arrogance).
47. **oṁ niścintāyai namaḥ**
...libre de toute anxiété.
48. **oṁ nir-ahaṅkārāyai namaḥ**
...totalement libre d'ego.
49. **oṁ nirmohāyai namaḥ**
...libre de toute illusion.
50. **oṁ moha-nāśinyai namaḥ**
...qui dissipes les illusions (de Tes dévots).
51. **oṁ nir-mamāyai namaḥ**
...qui n'as ni « je », ni « mien ».
52. **oṁ mamatā-hantryai namaḥ**
...qui détruis l'égoïsme.
53. **oṁ niṣpāpāyai namaḥ**
...négation du péché.
54. **oṁ pāpa-nāśinyai namaḥ**
...dont il suffit de répéter le Nom pour anéantir le péché.
55. **oṁ niṣkrodhāyai namaḥ**
...qui n'as pas de colère.
56. **oṁ krodha-śamanyai namaḥ**
...qui anéantis la colère (dans le mental de Tes dévots).
57. **oṁ nirlobhāyai namaḥ**
...libre de toute cupidité.
58. **oṁ lobha-nāśinyai namaḥ**
...qui anéantis la cupidité (de Tes dévots).

59. **oṁ niḥsamśayāyai namaḥ**
...exempte de doute.

60. **oṁ nirbhavāyai namaḥ**
...qui n'es pas impliquée dans le cycle des naissances et des morts.

61. **oṁ bhava-nāśinyai namaḥ**
...qui mets fin au cycle des naissances et des morts.

62. **oṁ nir-vikalpāyai namaḥ**
...pure et éternelle Intelligence.

63. **oṁ nir'ābādhāyai namaḥ**
...qui n'es jamais troublée.

64. **oṁ nir-bhedāyai namaḥ**
...libre de tout sentiment de division (en qui tous sont absolument Un).

65. **oṁ bheda-nāśinyai namaḥ**
...qui détruis l'idée de division (entre le corps, le mental et l'intellect, puis entre Shiva et Shakti).

66. **oṁ nirnāśāyai namaḥ**
...immortelle.

67. **oṁ mṛtyu-mathanyai namaḥ**
...qui détruis la peur de la mort.

68. **oṁ niṣkriyāyai namaḥ**
...au-delà de toute action.

69. **oṁ niṣparigrahāyai namaḥ**
...qui ne prends rien (du fait de Ta plénitude).

70. **oṁ nistulāyai namaḥ**
...sans égale.

71. **oṁ nīla-cikurāyai namaḥ**
...dont les cheveux bouclés sont d'un noir brillant.

72. **oṁ nir-apāyāyai namaḥ**
...impérissable.

73. **oṁ niratyayāyai namaḥ**
...au-delà de tout danger.
74. **oṁ durlabhāyai namaḥ**
...que l'on peut atteindre au terme de longs efforts assidus.
75. **oṁ durgamāyai namaḥ**
...difficile d'accès (que l'on ne peut atteindre sans un effort rigoureux et prolongé).
76. **oṁ durgāyai namaḥ**
...Déesse Dourga, l'inaccessible.
77. **oṁ duḥkha-hantryai namaḥ**
...qui mets fin à la tristesse.
78. **oṁ sukha-pradāyai namaḥ**
...qui accordes la béatitude de la libération.
79. **oṁ sarvajñāyai namaḥ**
...omnisciente.
80. **oṁ sāndra-karuṇāyai namaḥ**
...compassion intense.
81. **oṁ sarva-śakti-mayyai namaḥ**
...source de toute puissance.
82. **oṁ sarva-maṅgalāyai namaḥ**
...qui possèdes tout ce qui est favorable.
83. **oṁ sad-gati-pradāyai namaḥ**
...qui emmènes le chercheur jusqu'au but suprême.
84. **oṁ sarv'eśvaryai namaḥ**
...reine de l'univers.
85. **oṁ sarva-mayyai namaḥ**
...immanente en tous.
86. **oṁ māh'eśvaryai namaḥ**
...Ishvari suprême, qui transcendes la nature et es source de toutes choses.
87. **oṁ mahā-kālyai namaḥ**
...Grande Déesse Kâli, qui détruis même la mort.

88. **oṁ mahā-devyai namaḥ**
...Dévi suprême, la plus grande des Déesses.

89. **oṁ mahā-lakṣmyai namaḥ**
...Grande Déesse Lakshmî, source de tous les bienfaits de la vie.

90. **oṁ mahā-rūpāyai namaḥ**
...forme (incarnation) suprême.

91. **oṁ mahā-pūjyāyai namaḥ**
...digne de l'adoration suprême.

92. **oṁ mahā-māyāyai namaḥ**
...suprême créatrice d'illusion (Mâyâ).

93. **oṁ mahā-sattvāyai namaḥ**
...existence (réalité) suprême.

94. **oṁ mahā-śaktyai namaḥ**
...énergie suprême.

95. **oṁ mahā-ratyai namaḥ**
...béatitude sans limite.

96. **oṁ mahā-bhogāyai namaḥ**
...plaisir (« enjoiement ») suprême.

97. **oṁ mah'aiśvaryāyai namaḥ**
...suprême Souveraine.

98. **oṁ mahā-vīryāyai namaḥ**
...courage suprême.

99. **oṁ mahā-balāyai namaḥ**
...force suprême.

100. **oṁ mahā-buddhyai namaḥ**
...intelligence suprême.

101. **oṁ mahā-siddhyai namaḥ**
...perfection suprême.

102. **oṁ mahā-tantrāyai namaḥ**
...Tantra suprême (le Tantra de Srî Vidya).

103. **oṁ śiva śaktyaikya rūpinyai namaḥ**
...union de Shiva et de Shakti.

104. **oṁ viṣṇu śaktyaikya rūpinyai namaḥ**
...union de Vishnou et de Shakti.

105. **oṁ brahma śaktyaikya rūpinyai namaḥ**
...union de Brahmâ et de Shakti.

106. **oṁ śrī lalitāmbikāyai namaḥ**
Hommage à la Déesse Suprême, Srî Lalitâmbika.

107. **oṁ śrī mātā amṛtānandamāyai namaḥ**
Hommage à Toi, Mère Divine, Srî Mâtâ Amritânandamayi.

108. **oṁ śrī mahā tripurasundaryai namaḥ**
Hommage à la Suprême et Vénérable Mère Tripourasoundari.

ॐ

Les 108 Noms de Srî Krishna

Aum, Srî Krishna, hommage à Toi...

1. **oṁ śrī kṛṣṇāya namaḥ**
   ...Srî Krishna.
2. **oṁ kamalā nāthāya namaḥ**
   ...Seigneur de Kamalâ (Srî Lakshmi).
3. **oṁ vāsudevāya namaḥ**
   ...Vâsoudeva (fils de Vâsoudeva).
4. **oṁ sanātanāya namaḥ**
   ...éternel.
5. **oṁ vāsudevaya namaḥ**
   ...fils de Vâsoudeva.
6. **oṁ puṇyāya namaḥ**
   ...qui as du mérite (qui accomplis des actes méritoires).
7. **oṁ līlā-mānuṣa-vigrahāya namaḥ**
   ...qui as pris une forme humaine afin d'accomplir Sa lîla.
8. **oṁ śrīvatsa kausthubha-dharāya namaḥ**
   ...qui portes le Srîvatsa (l'éclair doré qui représente Sri Lakshmi) et le joyau Kaustoubha.
9. **oṁ yaśodā-vatsalāya namaḥ**
   ...enfant chéri de Yashodâ.
10. **oṁ haraye namaḥ**
    ...Srî Hari (Vishnou).
11. **oṁ caturbhujātta-cakrāsi-gadā-śaṅkādhyāyudhāya namaḥ**
    ...qui as quatre bras et portes le disque, la conque et la massue.
12. **oṁ devakī nandanāya namaḥ**
    ...fils de Dévaki.

13. **oṁ śrīsāya namaḥ**
...refuge de Srî (Lakshmî).
14. **oṁ nandagopa priyātmajāya namaḥ**
...fils chéri de Nandagopa.
15. **oṁ yamunāvega saṁhāriṇe namaḥ**
...qui domptas l'impétuosité de la Yamounâ.
16. **oṁ bālabhadra priyānujāya namaḥ**
...jeune frère chéri de Bâlabhadra (Bâlarâma).
17. **oṁ pūtanā jīvita harāya namaḥ**
...qui as anéanti la démone Poutana.
18. **oṁ śakatāsura bhañjanāya namaḥ**
...qui as anéanti le démon Shakatâsura.
19. **oṁ nandavraja janā nandine namaḥ**
...qui apportas le bonheur à Nanda et aux habitants de Vraja.
20. **oṁ saccidānanda vigrahāya namaḥ**
...incarnation de l'Existence, la Conscience, la Béatitude.
21. **oṁ navanīta viliptāṅgāya namaḥ**
...dont le corps est barbouillé de beurre.
22. **oṁ navanīta natāya namaḥ**
...qui dansais pour obtenir du beurre.
23. **oṁ ānaghāya namaḥ**
...sans péché.
24. **oṁ navanīta navāhārāya namaḥ**
...qui as inventé une nouvelle forme de nourriture : le beurre (que Tu consommais en grande quantité).
25. **oṁ mucukunda prasādakāya namaḥ**
...qui accordas le salut au roi Mouchoukounda.
26. **oṁ śodaśa sthrī sahasreśāya namaḥ**
...Seigneur aux seize mille femmes.

27. **oṁ tribhaṅgī lalitākritaye namaḥ**
...dont le corps comporte trois courbures (une pose de Sri Krishna).

28. **oṁ śukavāg amṛtābhdhīndave namaḥ**
...océan de nectar, sous la forme des paroles de Soukadeva (allusion à la narration que fit Soukadeva du Srimad Bhagavata au Roi Parikshit.)

29. **oṁ govindāya namaḥ**
...Seigneur des vaches.

30. **oṁ yogīnām pataye namaḥ**
...Seigneur des Yogis.

31. **oṁ vatsa vatācarāya namaḥ**
...qui battais la campagne (autour de Vrindavân) en compagnie des vaches et des gopas (jeunes vachers).

32. **oṁ anantāya namaḥ**
...infini.

33. **oṁ dhenukāsura mardanāya namaḥ**
...qui anéantis le démon Dhenouka.

34. **oṁ tṛṇīkṛta tṛṇāvartāya namaḥ**
...qui détruisis le démon Trnâvarta (Tornade).

35. **oṁ yamalārjuna bhañjanāya namaḥ**
...qui rompis les deux arbres Yamalârjouna, qui étaient en réalité deux êtres célestes sous l'emprise d'une malédiction.

36. **oṁ uttāla tālabhettre namaḥ**
...qui brisas les arbres immenses.

37. **oṁ tamāla śyāmalā kṛtaye namaḥ**
...beau comme l'arbre Tamâla à l'écorce sombre.

38. **oṁ gopa gopīśvarāya namaḥ**
...Seigneur des gopas et des gopis.

39. **oṁ yogine namaḥ**
...le plus grand des yogis.

40. **oṁ koti sūrya samaprabhāya namaḥ**
...qui resplendis comme un million de soleils.
41. **oṁ ilāpataye namaḥ**
...Seigneur de la Terre.
42. **oṁ parasmai jyotiṣe namaḥ**
...Lumière Suprême.
43. **oṁ yādavendrāya namaḥ**
...Seigneur des Yâdavas (le clan des Yâdous).
44. **oṁ yādudvahāya namaḥ**
...chef des Yâdous.
45. **oṁ vanamāline namaḥ**
...qui portes une guirlande de fleurs des bois.
46. **oṁ pīta vāsase namaḥ**
...qui portes des habits jaune d'or.
47. **oṁ pārijātāpa hārakāya namaḥ**
...qui enlevas la fleur Pârijâthâ (du jardin d'Indra).
48. **oṁ govardhanācalo dhartre namaḥ**
...qui soulevas la montagne Govardhana.
49. **oṁ gopālāya namaḥ**
...protecteur des vaches.
50. **oṁ sarva pālakāya namaḥ**
...protecteur de tous les êtres.
51. **oṁ ajāya namaḥ**
...toujours victorieux.
52. **oṁ nirañjanāya namaḥ**
...immaculé.
53. **oṁ kāma janakāya namaḥ**
...qui crées le désir chez ceux qui sont attirés par le monde.
54. **oṁ kañca locanāya namaḥ**
...aux yeux magnifiques.
55. **oṁ madhughne namaḥ**
...qui tuas le démon Madhou.

56. **oṁ mathurā nāthāya namaḥ**
...Seigneur de Mathoura.
57. **oṁ dvārakā nāyakāya namaḥ**
...Seigneur de Dvaraka.
58. **oṁ baline namaḥ**
...Seigneur tout-puissant.
59. **oṁ brindāvanānta sañcārine namaḥ**
...qui as parcouru toute la région de Vrindavan.
60. **oṁ tulasidāma bhūṣaṇāya namaḥ**
...qui Te pares de feuilles de toulasi.
61. **oṁ syamantaka maṇer hartre namaḥ**
...qui dérobas le joyau Syamantaka.
62. **oṁ nara nārāyaṇātmakāya namaḥ**
...à la fois Nara et Nârâyana (l'être humain et Dieu dans l'être humain).
63. **oṁ kubjā kṛṣṭāmbaradharāya namaḥ**
...qui T'es oint de l'onguent offert par la femme bossue.
64. **oṁ māyine namaḥ**
...Mâyâ (l'illusion).
65. **oṁ paramapūruṣāya namaḥ**
...Personne Suprême.
66. **oṁ muṣṭikāsura cāṇūra mallayudha-viśāradāya namaḥ**
...qui luttas en expert avec les deux démons Moushtika et Chânoura.
67. **oṁ samsāra vairiṇe namaḥ**
...ennemi du samsâra (le cycle des naissances et des morts).
68. **oṁ kamsāraye namaḥ**
...adversaire de Kamsa.
69. **oṁ murāraye namaḥ**
...ennemi du démon Moura.

70. **oṁ narakāntakāya namaḥ**
...qui anéantis le démon Naraka.

71. **oṁ anādi brahmacāriṇe namaḥ**
...l'Absolu sans commencement.

72. **oṁ kṛṣṇā vyasana karśakāya namaḥ**
...qui mis fin à la détresse de Draupadi.

73. **oṁ śiśupāla śirascettre namaḥ**
...qui décapitas Shishoupâla.

74. **oṁ duryodhana kulāntakāya namaḥ**
...qui anéantis la dynastie de Douryodhana.

75. **oṁ vidurākrūra varadāya namaḥ**
...qui exauças les vœux de Vidoura et d'Akroura.

76. **oṁ viśvarūpa pradārśakāya namaḥ**
...qui accordas la vision de Ta forme universelle (visvaroupa).

77. **oṁ satyavāce namaḥ**
...qui ne dis que la Vérité.

78. **oṁ satya saṅkalpāya namaḥ**
...dont la résolution est vraie.

79. **oṁ satyabhāma ratāya namaḥ**
...qui aimas Satyabhâma.

80. **oṁ jayine namaḥ**
...toujours victorieux.

81. **oṁ subhadra pūrvajāya namaḥ**
...frère ainé de Soubhadra.

82. **oṁ viṣṇave namaḥ**
...Seigneur Vishnou.

83. **oṁ bhīṣma mukti pradāyakāya namaḥ**
...qui accordas le salut à Bhishma.

84. **oṁ jagadgurave namaḥ**
...Gourou du monde entier.

85. **oṁ jagannāthāya namaḥ**
...Seigneur du monde entier.

86. **oṁ veṇunāda viśāradāya namaḥ**
...expert dans l'art de jouer de la flûte.

87. **oṁ vṛṣabhāsura vidhvasine namaḥ**
...qui anéantis le démon Vrishaba.

88. **oṁ bāṇāsura karāntakāya namaḥ**
...qui coupas les mains du démon Bâna.

89. **oṁ yudhiṣṭhira pratiṣṭhātre namaḥ**
...qui installas Youdhisthira (sur le trône).

90. **oṁ bārhi bārhāvataṁsakāya namaḥ**
...paré de plumes de paon lumineuses.

91. **oṁ parthasārathāye namaḥ**
..conducteur du char d'Arjouna.

92. **oṁ avyaktāya namaḥ**
...qu'il est difficile de comprendre.

93. **oṁ gītāmṛta mahodadhaye namaḥ**
...océan qui recèles le nectar de la Bhagavad Gîta.

94. **oṁ kālīyaphaṇi māṇikya rañjita śrī padāmbhujāya namaḥ**
...dont les pieds de lotus sont parés des joyaux provenant des capuchons du serpent Kâlîya.

95. **oṁ dāmodarāya namaḥ**
...qui fus attaché par la taille à un mortier.

96. **oṁ yajñabhoktre namaḥ**
...qui consommes les offrandes du sacrifice.

97. **oṁ dānavendra vināśakāya namaḥ**
...qui anéantis le Seigneur des Âsouras.

98. **oṁ nārāyaṇāya namaḥ**
...Seigneur Nârâyana.

99. **oṁ parabrahmaṇe namaḥ**
...Suprême Brahman.

100. **oṁ pannagāśana vāhanāya namaḥ**
...qui as un serpent pour siège.

101. **oṁ jalakrīdāsamāśakta gopi vastrāpahārakāya namaḥ**
...qui cachas (par jeu) les vêtements (laissés sur le rivage) des gopis occupées à s'amuser dans les eaux de la rivière Yamounâ.

102. **oṁ puṇya-ślokāya namaḥ**
...en louant Ton nom, nous obtenons du mérite.

103. **oṁ tirthapādāya namaḥ**
...dont les Pieds sont sacrés.

104. **oṁ vedavedyāya namaḥ**
...source des Védas.

105. **oṁ dayānidhaye namaḥ**
...Trésor de compassion.

106. **oṁ sarva bhūtātmakāya namaḥ**
...âme des éléments.

107. **oṁ sarvagraha rūpiṇe namaḥ**
...l'Un, formé de toutes choses.

108. **oṁ parātparāya namaḥ**
...plus haut que le plus haut.

ॐ

Les 108 Noms de Srî Shiva

Aum, Srî Shiva, hommage à Toi...

1. **oṁ śrī śivāya namaḥ**
   ...Srî Shiva.
2. **oṁ maheśvarāya namaḥ**
   ...Dieu Suprême (Shiva).
3. **oṁ śambhave namaḥ**
   ...qui n'existes que pour notre bonheur.
4. **oṁ pinākine namaḥ**
   ...qui protèges la voie du dharma.
5. **oṁ śaśiśekharāya namaḥ**
   ...qui portes le croissant de lune dans Ta chevelure.
6. **oṁ vāmadevāya namaḥ**
   ...agréable et propice, à tous points de vue.
7. **oṁ virupākṣāya namaḥ**
   ...à la forme immaculée.
8. **oṁ kapardine namaḥ**
   ...à l'épaisse chevelure emmêlée.
9. **oṁ nīlalohitāya namaḥ**
   ...rougeoyant comme le soleil de l'aube.
10. **oṁ śankarāya namaḥ**
    ...source de toute prospérité.
11. **oṁ śūlapāṇaye namaḥ**
    ...qui portes un javelot.
12. **oṁ khatvāṅgine namaḥ**
    ...qui portes une massue noueuse.
13. **oṁ viṣṇuvallabhāya namaḥ**
    ...cher au Seigneur Vishnou.
14. **oṁ śipiviṣṭāya namaḥ**
    ...dont la forme émet de grands rayons de lumière.

15. **oṁ ambikānāthāya namaḥ**
...Seigneur d'Ambika.
16. **oṁ śrīkaṇṭāya namaḥ**
...dont la gorge est d'un bleu brillant.
17. **oṁ bhaktavatsalāya namaḥ**
...qui aimes Tes dévots (comme des veaux nouveaux-nés).
18. **oṁ bhavāya namaḥ**
...l'existence même.
19. **oṁ sarvāya namaḥ**
...le Tout.
20. **oṁ trilokeśāya namaḥ**
...Seigneur des trois mondes.
21. **oṁ śitikaṇṭhāya namaḥ**
...Âme Primordiale, dont la gorge est bleue.
22. **oṁ śivāpriyāya namaḥ**
...bien-aimé de Shakti.
23. **oṁ ugrāya namaḥ**
...dont la puissance est terrible.
24. **oṁ kapāline namaḥ**
...dont la sébile est un crâne humain.
25. **oṁ kāmāraye namaḥ**
...qui conquiers les passions.
26. **oṁ andhakāsura sūdanāya namaḥ**
...qui tuas l'asoura Andhaka.
27. **oṁ gaṅgādharāya namaḥ**
...qui portes le Gange dans Ta chevelure.
28. **oṁ lalāṭākṣāya namaḥ**
...dont le jeu est la création.
29. **oṁ kālakālāya namaḥ**
...mort de la mort.
30. **oṁ kṛpānidhaye namaḥ**
...trésor de compassion.

31. **oṁ bhīmāya namaḥ**
...d'une force terrifiante.
32. **oṁ paraśu hastāya namaḥ**
...qui manies une hache.
33. **oṁ mṛgapāṇaye namaḥ**
...qui prends soin de l'âme perdue dans des contrées sauvages.
34. **oṁ jaṭādharāya namaḥ**
...qui portes une masse de cheveux emmêlés.
35. **oṁ kailāsavāsine namaḥ**
...qui résides au Mont Kailash.
36. **oṁ kavacine namaḥ**
...enveloppé d'une armure.
37. **oṁ kaṭhorāya namaḥ**
...cause de toute croissance.
38. **oṁ tripurāntakāya namaḥ**
...qui détruisis les trois villes démoniaques.
39. **oṁ vṛṣankāya namaḥ**
...dont l'emblême est un taureau.
40. **oṁ vṛṣabhārūḍhāya namaḥ**
...qui as pour monture un taureau.
41. **oṁ bhasmoddhūlita vigrahāya namaḥ**
...couvert de cendres sacrées.
42. **oṁ sāmapriyāya namaḥ**
...qui aimes tout particulièrement les hymnes du Sâma Véda.
43. **oṁ svaramayāya namaḥ**
...qui crées par le son.
44. **oṁ trayīmūrtaye namaḥ**
...adoré sous trois formes.
45. **oṁ anīśvarāya namaḥ**
...sans rival.

46. **oṁ sarvajñāya namaḥ**
...omniscient.

47. **oṁ paramātmane namaḥ**
...Soi Suprême.

48. **oṁ somasūrāgni locanāya namaḥ**
...lumière dans les yeux de Soma, Sourya et Agni.

49. **oṁ haviṣe namaḥ**
...qui reçois des oblations de ghi.

50. **oṁ yajñamayāya namaḥ**
...architecte de tous les rites sacrificiels.

51. **oṁ somāya namaḥ**
...clair de lune de la vision du mystique.

52. **oṁ paṇcavaktrāya namaḥ**
...Dieu des cinq activités.

53. **oṁ sadāśivāya namaḥ**
...éternel, auspicieux et bienveillant Shiva.

54. **oṁ viśveśvarāya namaḥ**
...Toi qui, omniprésent, diriges le cosmos.

55. **oṁ vīrabhadrāya namaḥ**
...le plus grand de tous les héros.

56. **oṁ gaṇanāthāya namaḥ**
...Dieu suprême des Ganas.

57. **oṁ prajāpataye namaḥ**
...créateur de tout ce qui bouge et qui respire.

58. **oṁ hiraṇyaretase namaḥ**
...qui crées des âmes dorées.

59. **oṁ durdharṣaya namaḥ**
...invincible.

60. **oṁ girīśāya namaḥ**
...monarque de la Montagne Sacrée Kailash.

61. **oṁ giriśāya namaḥ**
...Seigneur des Himâlayas.

62. **oṁ anaghāya namaḥ**
...qui n'inspires aucune crainte.
63. **oṁ bujaṅgabhūṣaṇāya namaḥ**
...paré de serpents dorés.
64. **oṁ bhargāya namaḥ**
...le plus grand des Rishis.
65. **oṁ giridhaṇvane namaḥ**
...dont l'arme est une montagne.
66. **oṁ giripriyāya namaḥ**
...qui aimes les montagnes.
67. **oṁ kṛttivāsase namaḥ**
...qui portes des vêtements de peaux de bête.
68. **oṁ purārātaye namaḥ**
...qui Te sens chez Toi dans les contrées sauvages.
69. **oṁ bhagavate namaḥ**
...Seigneur de la prospérité.
70. **oṁ pramathādhipāya namaḥ**
...servi par des lutins.
71. **oṁ mṛtyuñjayāya namaḥ**
...vainqueur de la mort.
72. **oṁ sūkṣmatanave namaḥ**
...plus subtil que le subtil.
73. **oṁ jagadvyāpine namaḥ**
...qui emplis le monde entier.
74. **oṁ jagadgurave namaḥ**
...Gourou de tous les mondes.
75. **oṁ vyomakeśāya namaḥ**
...dont la chevelure est le ciel expansif.
76. **oṁ mahāsenajanakāya namaḥ**
...origine de Mahâsenâ (Kartikeya).
77. **oṁ cāruvikramāya namaḥ**
...protecteur des pèlerins errants.

78. **oṁ rudrāya namaḥ**
...digne de louanges.
79. **oṁ bhūtapataye namaḥ**
...source de toutes les créatures vivantes.
80. **oṁ sthāṇave namaḥ**
...ferme et inébranlable.
81. **oṁ ahirbudhnyāya namaḥ**
...qui attends l'éveil de la koundalini endormie.
82. **oṁ digambarāya namaḥ**
...dont la robe est le cosmos.
83. **oṁ aṣṭamūrtaye namaḥ**
...qui as huit formes.
84. **oṁ anekātmane namaḥ**
...âme unique dans toutes les âmes.
85. **oṁ sātvikāya namaḥ**
...à l'énergie sans limites.
86. **oṁ śuddha vigrahāya namaḥ**
...libre de tout doute et de toute discorde.
87. **oṁ śāśvatāya namaḥ**
...éternel, sans fin.
88. **oṁ khaṇḍaparaśave namaḥ**
...qui pourfends le désespoir moral.
89. **oṁ ajāya namaḥ**
...auteur de tout se qui arrive.
90. **oṁ pāpavimocakāya namaḥ**
...qui libères de toutes les chaînes.
91. **oṁ mṛdāya namaḥ**
...miséricordieux.
92. **oṁ paśupataye namaḥ**
...Seigneur de toutes les âmes au cours de leur évolution.
93. **oṁ devāya namaḥ**
...Dieu Lui-même.

94. **oṁ mahādevāya namaḥ**
...Grand Dieu.
95. **oṁ avyayāya namaḥ**
...qui n'es jamais sujet au changement.
96. **oṁ haraye namaḥ**
...qui détruis tous les liens.
97. **oṁ pūsadantabhide namaḥ**
...qui punis Poushan (le Soleil).
98. **oṁ avyagrāya namaḥ**
...ferme et résolu.
99. **oṁ dakṣādhvaraharāya namaḥ**
...qui détruisis le sacrifice vaniteux de Daksha.
100. **oṁ harāya namaḥ**
...qui réabsorbes le cosmos.
101. **oṁ bhaganetrabhide namaḥ**
...qui appris à Bhaga à voir plus clairement.
102. **oṁ avyaktāya namaḥ**
...subtil et invisible.
103. **oṁ sahasrākṣāya namaḥ**
...aux formes sans limites.
104. **oṁ sahasrapade namaḥ**
...qui es partout et marches partout.
105. **oṁ apavargapradāya namaḥ**
...qui donnes et qui prends tout.
106. **oṁ anantāya namaḥ**
...infini.
107. **oṁ tārakāya namaḥ**
...Grand Libérateur de l'humanité.
108. **oṁ parameśvarāya namaḥ**
...Seigneur Suprême.

ॐ

Les 108 Noms de Srî Râma

Aum, Srî Râma, hommage à Toi...

1. **oṁ śrī rāmāya namaḥ**
   ...Srî Râma, qui confères le bonheur.
2. **oṁ rāmabhadrāya namaḥ**
   ...Râma de bon augure.
3. **oṁ rāmachandrāya namaḥ**
   ...Râma, resplendissant comme la lune.
4. **oṁ śāśvatāya namaḥ**
   ...éternel.
5. **oṁ rājivalochanāya namaḥ**
   ...aux yeux de lotus.
6. **oṁ śrīmate namaḥ**
   ...demeure de Srî Lakshmî.
7. **oṁ rājendrāya namaḥ**
   ...Roi des rois.
8. **oṁ raghupungavāya namaḥ**
   ...le plus grand de la dynastie des Raghous.
9. **oṁ jānakī vallabhāya namaḥ**
   ...Jânaki le Bien-Aimé.
10. **oṁ jaitrāya namaḥ**
    ...vainqueur.
11. **oṁ jitāmitrāya namaḥ**
    ...qui triomphas de Tes ennemis.
12. **oṁ janārdhanāya namaḥ**
    ...refuge des humains.
13. **oṁ viśvāmitra priyāya namaḥ**
    ...Bien-Aimé du sage Vishvamitra.
14. **oṁ dāntāya namaḥ**
    ...qui Te contrôles parfaitement.

15. **oṁ śaraṇatrāṇa tatparāya namaḥ**
...qui T'empresses de protéger ceux qui prennent refuge en Toi.
16. **oṁ bāli pramathanāya namaḥ**
...qui fus vainqueur de Bâli.
17. **oṁ vāgmine namaḥ**
...éloquent.
18. **oṁ satyavāche namaḥ**
...dont le discours est vérité.
19. **oṁ satyavikramāya namaḥ**
...qui mets toute Ton ardeur à défendre la vérité.
20. **oṁ satyavratāya namaḥ**
...dont les vœux sont sincères.
21. **oṁ vratadharāya namaḥ**
...qui respectes scrupuleusement Tes vœux.
22. **oṁ sadā hanumadāśritāya namaḥ**
...servi en permanence par Hanouman.
23. **oṁ kausaleyāya namaḥ**
...fils de Kausalya.
24. **oṁ kharadhvamsine namaḥ**
...qui anéantis le démon Khara.
25. **oṁ virādha vanapaṇḍitāya namaḥ**
...qui détruisis habilement le démon Virâdha.
26. **oṁ vibhīṣaṇa paritrātre namaḥ**
...protecteur de Vibhîsana.
27. **oṁ kōdaṇḍa khaṇḍanāya namaḥ**
...qui brisas le Grand Arc.
28. **oṁ saptatala prabhedre namaḥ**
...qui pénètres les sept plans d'existence.
29. **oṁ daśagrīva śirodharāya namaḥ**
...qui décapitas Râvana.

30. **oṁ jāmadagnya mahādarppa dalanāya namaḥ**
...qui fis voler en éclats la fierté de Parasourâma.
31. **oṁ tāṭakāntakāya namaḥ**
...qui tuas Tâtaka.
32. **oṁ vedānta sārāya namaḥ**
...essence du Védânta.
33. **oṁ vedātmane namaḥ**
...âme des Védas.
34. **oṁ bhavarogasya bheṣajāya namaḥ**
...qui guéris du Bhavaroga.
35. **oṁ dūṣanatri śirohantre namaḥ**
...qui décapitas Doushana.
36. **oṁ trimūrtaye namaḥ**
...incarnation des Trois Dieux.
37. **oṁ triguṇātmakāya namaḥ**
...source des trois gounas.
38. **oṁ trivikramāya namaḥ**
...qui fus Vamana.
39. **oṁ trilokātmane namaḥ**
...âme des Trois Mondes.
40. **oṁ puṇyachāritra kīrtanāya namaḥ**
...dont l'histoire procure du mérite à ceux qui la chantent.
41. **oṁ triloka rakṣakāya namaḥ**
...protecteur des Trois Mondes.
42. **oṁ dhanvine namaḥ**
...qui manies l'arc.
43. **oṁ daṇḍakāraṇya kartanāya namaḥ**
...qui résides dans la forêt Dandaka.
44. **oṁ ahalyā śāpaśamanāya namaḥ**
...qui mis fin à la malédiction d'Ahalyâ.
45. **oṁ pitru bhaktāya namaḥ**
...qui fus l'adorateur de Ton père Dasaratha.

46. **oṁ vara pradāya namaḥ**
...qui accordes les bienfaits.
47. **oṁ jitendriyāya namaḥ**
...qui as vaincu les sens.
48. **oṁ jitakrodhāya namaḥ**
...qui as conquis la colère.
49. **oṁ jitāmitrāya namaḥ**
...qui gagnes des amis.
50. **oṁ jagad gurave namaḥ**
...Gourou du monde.
51. **oṁ ṛkṣa vānara saṅghātine namaḥ**
...qui dirigeas les hordes de singes.
52. **oṁ chitrakūṭa samāśrayāya namaḥ**
...qui Te réfugias sur la colline Chitrakouta.
53. **oṁ jayanta trāṇa varadāya namaḥ**
...qui accordas Ta bénédiction à Jayanta.
54. **oṁ sumitrā putra sevitāya namaḥ**
...servi par le fils de Soumitra (Lakshmana).
55. **oṁ sarva devādhi devāya namaḥ**
...Seigneur de tous les dieux.
56. **oṁ mṛtavānara jīvanāya namaḥ**
...qui ramenas tous les singes à la vie (après la bataille).
57. **oṁ māyāmarīcha hantre namaḥ**
...qui anéantis le démon Marîcha l'illusionniste.
58. **oṁ mahādevāya namaḥ**
...Grand Seigneur.
59. **oṁ mahābhūjāya namaḥ**
...Seigneur aux bras puissants.
60. **oṁ sarvadeva stutāya namaḥ**
...loué par tous les dieux.
61. **oṁ saumyāya namaḥ**
...calme.

62. **oṁ brahmanyāya namaḥ**
...la Réalité absolue.
63. **oṁ muni samstutāya namaḥ**
...Seigneur loué par les sages.
64. **oṁ mahāyōgine namaḥ**
...grand yogi.
65. **oṁ mahādārāya namaḥ**
...suprêmement noble.
66. **oṁ sugrīvepsita rājyadaye namaḥ**
...qui rendis à Sougriva son royaume.
67. **oṁ sarva puṇyādhi kaphalāya namaḥ**
...qui accordes les fruits des bonnes actions.
68. **oṁ smṛta sarvāgha nāśanāya namaḥ**
...qui mets fin à toutes peines.
69. **oṁ ādipuruṣāya namaḥ**
...Être Primordial
70. **oṁ paramapuruṣāya namaḥ**
...Être Suprême.
71. **oṁ mahāpuruṣāya namaḥ**
...Grand Être.
72. **oṁ puṇyodayāya namaḥ**
...source de toutes bénédictions.
73. **oṁ dayāsārāya namaḥ**
...incarnation de la Compassion.
74. **oṁ purāṇa puruṣōttamāya namaḥ**
...la Personne la plus ancienne.
75. **oṁ smita vaktrāya namaḥ**
...qui parles en souriant.
76. **oṁ mita bhāṣine namaḥ**
...modéré dans Tes paroles.
77. **oṁ pūrva bhāṣine namaḥ**
...qui parles peu.

78. **oṁ rāghavāya namaḥ**
...héritier de la dynastie des Râghous.
79. **oṁ ananta guṇagambhīrāya namaḥ**
...Tes qualités majestueuses sont infinies.
80. **oṁ dhīrodātta guṇottamāya namaḥ**
...plein de qualités valeureuses.
81. **oṁ māyā mānuṣa charitrāya namaḥ**
...qui pris une incarnation humaine par l'action de Ta Mâyâ.
82. **oṁ mahādevādi pūjitāya namaḥ**
...adoré par le Seigneur Shiva.
83. **oṁ setukṛte namaḥ**
...qui construisis le pont.
84. **oṁ jita vārāśaye namaḥ**
...vainqueur des désirs.
85. **oṁ sarva tīrthamayāya namaḥ**
...somme de tous les lieux saints.
86. **oṁ haraye namaḥ**
...qui détruis.
87. **oṁ śyāmāṅgāya namaḥ**
...au teint sombre.
88. **oṁ sundarāya namaḥ**
...d'une grande beauté.
89. **oṁ surāya namaḥ**
...Seigneur.
90. **oṁ pītavāsase namaḥ**
...qui portes des vêtements jaunes.
91. **oṁ dhanurdharāya namaḥ**
...qui portes l'arc.
92. **oṁ sarva yajñādhipāya namaḥ**
...Seigneur du sacrifice.

93. **oṁ yajvine namaḥ**
...qui accomplis le sacrifice.
94. **oṁ jarāmaraṇa varjitāya namaḥ**
...qui as vaincu la naissance et la mort.
95. **oṁ vibhīṣaṇa pratiṣṭhātre namaḥ**
...qui installas Vibhîshana sur le trône.
96. **oṁ sarvābharaṇa varjitāya namaḥ**
...qui as abandonné toute parure.
97. **oṁ paramātmane namaḥ**
...Soi suprême.
98. **oṁ parabrahmaṇe namaḥ**
...absolu suprême.
99. **oṁ saccidānanda vigrahāya namaḥ**
...incarnation de l'Existence, la Conscience, la Joie.
100. **oṁ parasmai jyotiṣe namaḥ**
...lumière suprême.
101. **oṁ parasmai dhāmne namaḥ**
...demeure suprême.
102. **oṁ parākāśāya namaḥ**
...éther suprême.
103. **oṁ parātparāya namaḥ**
...suprême au-delà du plus haut.
104. **oṁ pareśāya namaḥ**
...Seigneur suprême.
105. **oṁ pārakāya namaḥ**
...qui fais traverser à Tes dévots l'océan du samsâra.
106. **oṁ parāya namaḥ**
...Être suprême.
107. **oṁ sarva devātmakāya namaḥ**
...source de tous les dieux.
108. **oṁ parasmai namaḥ**
...Seigneur suprême.

Guide de la prononciation

a court, comme dans rat
ā long, comme dans las
i court, comme dans file
ì long, comme dans fille
u court, comme dans cou
ū long, comme dans moue
ṛ roulé court, comme dans grey, en anglais
ṝ roulé long, comme dans grrrr...
e toujours long, comme dans même
ai comme dans ail
o toujours long, comme dans môme
au a+o, comme dans Bilbao
ṁ comme dans gomme
: h aspiré comme dans hêtre
ṅ comme dans l'anglais sing
j (dj) à l'anglaise comme john (*puja* devient « poudja »)
g comme gare
ñ comme Nyons
ṇ comme non
ś comme ich en allemand
ṣ comme ch sans arrondir les lèvres
s comme assis

www.ingramcontent.com/pod-product-compliance
Lightning Source LLC
Chambersburg PA
CBHW070629050426
42450CB00011B/3150
* 9 7 8 1 6 8 0 3 7 5 4 3 5 *